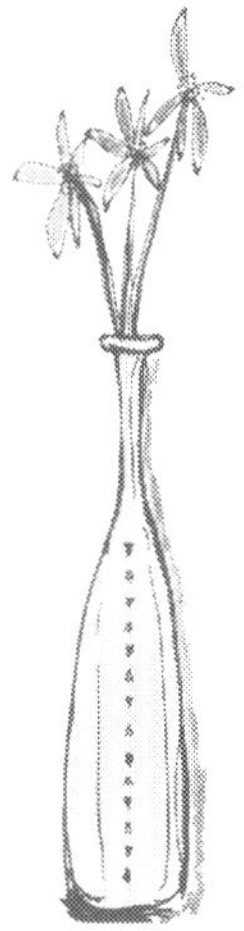

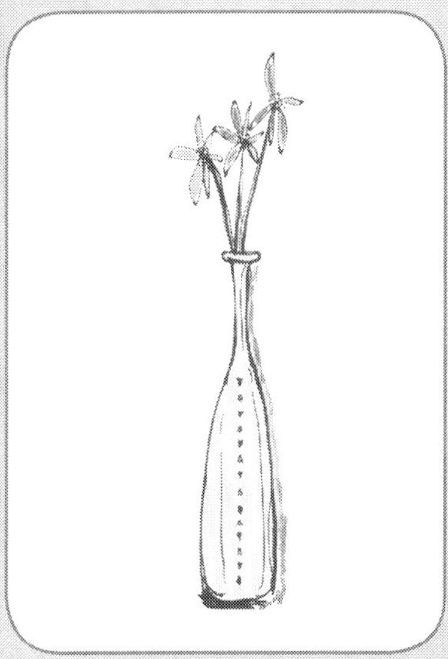

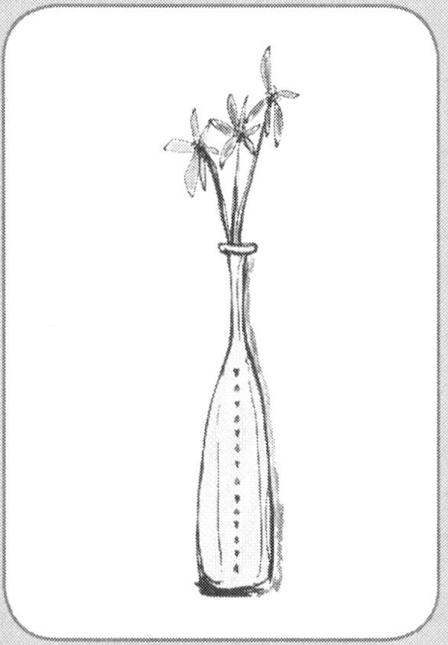

百折不撓

一位美籍華人女士與精神疾病共存的人生故事

高曉嵐——著

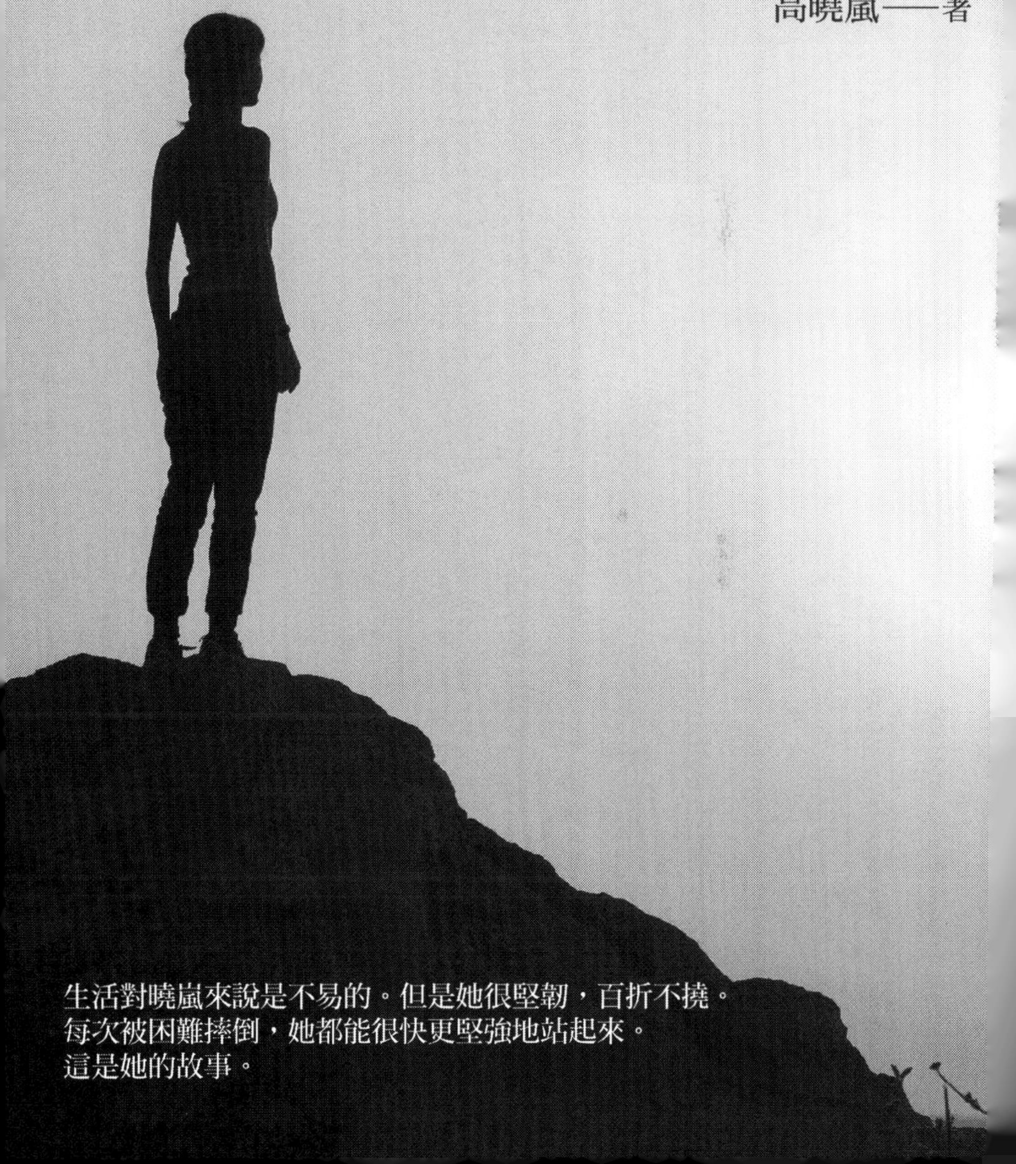

生活對曉嵐來說是不易的。但是她很堅韌，百折不撓。
每次被困難摔倒，她都能很快更堅強地站起來。
這是她的故事。

SAFARI
OFF ROAD
ADVENTURE

第一章

在我手心中坐著一尊小小的彌勒佛瓷像，祂大約一英寸見方，半英寸厚。彌勒佛咧著嘴滿臉是笑並腆著大肚子。正乃「大肚能容，容天下難容之事；開口便笑，笑天下可笑之人」。這尊彌勒佛像是我十幾歲的時候，我父親某次出差帶回來的紀念品。我和妹妹一人一尊。我擁有祂到現在已經將近四十年了。當我從中國搬來美國的時候也把祂帶了來。彌勒佛被認爲具有無邊的法力，在這些年裏一直保佑著我。

我的祖母（阿婆）大抵信奉佛教，正如她那個時代的大多數中國人。她對於我又像是我的母親。她把我帶大，直到我九歲的時候她因中風而半身不遂。她在我十二歲的時候去逝了。

在我出生的第六天，我的母親在上海的一家醫院被宣佈死亡。她終於得到了她在與我父親的七年婚姻中夢寐以求的女兒，但是她卻付出了生命的代價。在分娩後她發生了高血壓，並造成了腦血管破裂而不治身亡。這發生在一九六八年的二月。當時的中國正處於一片混亂之中，整個國家沉浸在文化大革命（文革）中。

我的父親受到重大打擊，精神也瀕臨崩潰。他是一位醫生，他在離上海以西大約三百五十多公里左右的長江南岸的安徽蕪湖工作和生活。我的母親生前在上海工作和生活。如當時中國的很多夫婦一樣，我的父母分居兩地，只能在每年爲期一個月的探親假期間相聚。往返蕪湖與上海坐火車很擁擠，而且要花很長時間，往往超過十幾個小時。

剛出生的我在醫院的嬰兒室住了十天，並長了嚴重的尿布疹。我的父親必須工作，而且會經常被派到離家很遠的鄉下。在那時，如果他不服從那些安排的話，我父親便不能找到別的工作，沒有收入就無法生活。我的阿婆（祖母）當時已經七十四歲了。如果我父親帶我和阿婆回蕪湖，阿婆經常會要一個人帶我，這會很困難。這時我的伯母（我父親的嫂嫂）出面了。她說：「把小囡囡接回我屋裏吧，就當我又生了個小妹妹（伯母自己有四個孩子）。」就這樣我終於從醫院裏被接出來了。

我父親每月從他五十三．五元人民幣的收入裏寄四十元（大約是他收入的75％）到上海我伯母家裏來供養我和我阿婆。當時購買進口嬰兒奶粉很昂貴。我父親就靠剩下的十三・五元過生活。這對於一個三十五歲的壯年男人來說是很艱難的。快到月底的時候，我父親就沒錢買食物了。他就要用糧票到黑市上去換錢來購買食物（那時候在中國要買含糧食（米或麵）的食物必須用糧票。糧票本身不可以買食物，但是沒有糧票光有錢也是不可以買這些食物。糧票是緊缺的，所以在黑市上可以換錢）。

我八個月大的時候，阿婆和父親把我帶回了蕪湖。後來當我十三個月大的時候我父親又要下鄉，我在上海的姑媽（父親的姐姐）讓阿婆和我住在她家。姑媽家是一套很小的公寓，住著姑媽和姑父以及她們的女兒、女婿、外孫和孫子（姑媽在大連的長子離婚了，他的大兒子由我姑媽撫養）。當我到了上海姑媽家，一時間那套小公寓裏住了三個同年出生的一歲左右的寶寶。

當我十八個月大的時候，阿婆又把我帶回蕪湖和我父親一起生活。從那以後我們就在蕪湖定居了。

第二章

阿婆、父親和我住在醫專（後來的皖南醫學院）一棟宿舍樓裏的一間宿舍裏。宿舍樓有兩層，用紅磚砌就。我父親是醫專的講師。白天父親上班，就我和祖母在家。這間房間是我們的廚房、餐廳、臥室、起居室和衛生間。當時家裏沒有廁所和現代的馬桶，只是用痰盂來解決大小便的問題。我父親有時候還要離家下鄉，一去幾周。有一段時間，整棟宿舍樓都是空的，只有七十幾歲的阿婆和蹒跚學步的我。

阿婆要在煤球爐上做飯，或做其他家事的時候，便將家中的長方凳子翻過來放在地上，然後把我放在由凳子四腳圍住的空間裏。我不能走動，但是這樣可以防止我隨便走到爐子邊受到燙傷。

有一回吃晚飯時，阿婆燒了一砂鍋紅燒肉——我父親最愛的菜，剛從爐子上端到桌子上，滾燙。我突然從椅子上跌到桌檔裏，連帶打翻了那鍋熱騰騰的紅燒肉。父親和阿婆大驚，連忙將我抱起，還好是一場虛驚，我嚇得哭了，卻絲毫沒有被燙著，只可惜了那鍋紅燒肉。那時候買肉要肉票，一家人一個月也就能吃上一回紅燒肉。

阿婆總有忙不完的家務活，所以那時我白天的日子很孤獨、很無聊。生活空間就是那一間屋子，一頭是扇好像總是關著的門，另一頭是扇不大的窗戶，窗外就是長滿矮樹和灌木的鐵山。從小小的我的視角能看到一小片天，被樹枝劃斷。我長時間地望著這窗外，這便是我那時的世界。

盼呀盼，盼到晚上父親下班回家，便迎來了我一天中最快樂的時光。父親抱我坐在他膝上，顛著我帶我吟頌童謠。「乒乒乓乓，乒乒乓乓，嗨，有人敲門了，誰呀？我呀！你是誰？……」、「排排坐，吃果果，爸爸回來割耳朵……」父親還給我摺紙螞蚱、紙船、紙鶴等。只是父親常常要下鄉巡迴醫療，一走就是好些天。

我記得有天傍晚父親讓我騎在他的肩頭，帶我在醫專附近的鐵軌上散步。我們朝著橘紅色的落日走著。夕陽掛在天邊，看起來很大，就像紅紅的鹹鴨蛋的蛋黃。我將永遠記得和父親在一起的這簡單幸福的時光。

有一天夜晚，父親帶我去看醫專操場那裏正在播放的露天電影。那時也沒有多少電影可以看的。那天放的那場電影是場黑白的抗日電影。這場電影在當時的我看來很可怕，當一位日本兵揮舞大刀高舉過頭時，我嚇得哭了。父親趕緊抱著我帶我回家。

稍大一點，阿婆也打開門帶我去鄰居家串門。樓裏住著王家阿婆一家、胖伯伯及露露媽媽一家、儲伯伯和孟阿姨一家，樓上住著位安公公。還有許多其他鄰居，我不記得了。有天安公公家的窗戶開著，鐵山的猴子從開著的窗戶闖進安公公家打開餅乾桶偷餅乾吃。鐵山連著赭山，猴子可能是從赭山公園動物園的猴山逃出來的。

有一天到胖伯伯和露露媽媽家串門，他們逗我，讓我叫他們。我通常嘴甜，但那天不知怎的我就是不願意叫人。他們拿了一把山核桃塞進我手中，我居然一把扔到地上。阿婆馬上把我帶回家並告訴了父親。這兩個最愛我的人給了我一頓打，還讓泣不成聲的我承諾下次再也不這樣做了。還要帶我去胖伯伯和露露媽媽家向他們賠禮道歉。我那時大概就三歲左右。家教不可謂不嚴，卻促成了我叛逆的性格。

有一天，父親的大學同學楊阿姨帶著她女兒小敏姐姐到我家來玩。小敏姐姐大我兩三歲，我們兩個玩得很開心。後來知道小敏姐姐的爸爸在文革武鬥期間被人開槍打死。

第二章

只因爲他的名字發音和另一個他們要找的人的相近，便成了錯死的冤魂。那夥人叫某某人的名字，小敏姐姐的爸爸聽錯了以爲在叫他，便答應了。對方二話不說就開槍射殺了無辜的小敏爸爸。小敏爸爸才三十幾歲，風華正茂，卻失去了寶貴的生命，留下才幾歲的小敏和她的媽媽。

孟阿姨見父親艱難，便將繼母介紹給他。繼母比父親大四歲，在婦產科做醫生，離異無孩。繼母不算很漂亮，但是笑起來很有感染力。起初她挺喜歡我。記得她曾和她的好友沈阿姨和胡阿姨一起帶我去鐵山上玩。繼母的家人都反對她和我父親交往。但是繼母是愛我父親的。不久他們便結婚了。吃喜酒那天我和祖母留在家裏。我那時完全不懂得吃喜酒意味著什麼。父親那時也沒啥選擇，那時傳言他們不久又要下鄉了。

父親和繼母結婚後，醫專將水房邊的一間黑暗的小屋分配給他們住。那裏很黑很吵，父親和繼母卻很高興能有他們單獨居住的空間。那時繼母還是很喜歡我的，我也很高興地叫她媽媽。繼母那時在安徽鄉下旌德縣的雙河大隊下放。在我大約四歲時，肚裏懷著妹妹的繼母帶我去了那裏。我高興極了。

記得我們住在一個祠堂裏。鄰居們是當地的村民。一家村民有個比我大一兩歲的女孩叫小霞。小霞有個尚在襁褓中的弟弟。庭院裏有小霞弟弟的搖窩。一天我和小霞把睡著小霞弟弟的搖窩給搖翻了。我們非常害怕。所幸小霞弟弟安然無恙。小霞常常揹著弟弟和我玩耍。有一天繼母准許我打赤腳在田埂上玩，我很喜歡。那天我還到小河溝裏玩。小河溝大約一米多寬。水不深。我站在水齊膝深的地方驚喜地看小哥哥們抓小魚。小河溝裏的水非常清澈。魚兒看得一清二楚。我快活極了。

第三章

從旌德雙河回來後，繼母快要臨盆了。她因羊水早破，住進了蕪湖婦幼保健院。那裏離舅舅（繼母的弟弟）家比較近。我也到舅舅在小戲園的家裏小住。雖然我不是他的親外甥女，舅舅和他全家人對我很好，挺喜歡我。我也喜歡他們，尤其是兩個大姐姐和比我大五歲的東哥哥。哥哥姐姐們很幽默，常常逗得我哈哈大笑。他家有個閣樓，我喜歡爬到上面去玩。到保健院去看繼母時她的肚子好大，她讓我把耳朵貼到那種圓錐形的聽筒上聽寶寶的心跳，我聽了半天聽不出個所以然，不過覺得很好奇。大人們讓我猜媽媽要生弟弟還是妹妹，我說生弟弟。

過了幾天，四十二歲的繼母終於生下了她唯一的親生女兒，歡喜極了。聽說生產時她差了最後一把力氣，醫生用了胎頭吸引器才幫助繼母把妹妹生下來。記得我第一次看到妹妹時她的小樣子，小小的，頭被擠的長長的變了型，頭頂上有個腫起來的血包，一點都不好看（後來妹妹越長越好看）。我當時並不知道隨著妹妹的誕生，我今後的生活要改變了。

從舅舅家回家時，家已經從鐵山腳下的醫專搬到長江邊上的弋磯山醫院。父親和繼母都在弋磯山醫院工作。弋磯山醫院由美國傳教士建於一八八七年。她坐落於長江南岸的一座小山上。這是皖南最好的一家醫院。民國時期，中國的很多名醫都曾經在弋磯山醫院工作過。在文革高峰期間醫院被關閉了。一九七二年醫院又重新開張了。

我們的家是在山腳下的一個池塘邊的一座平房裏。我和阿婆住在中間的堂屋裏，堂屋被隔成兩半，後面那半間是阿婆和我的臥室。後來在臥室後面又搭建了一間廚房，廚房後面的門外是一棵碩大的老榆樹。每年夏天樹下都會撒滿了榆錢。有一年刮颱風，這棵榆樹被刮倒了，樹枝堵住了廚房門。

阿婆和我睡在一張牀上。她每晚會給我講故事：珍珠塔，白蛇傳等等。她還和我分享她用她的零用錢買的零食。在蕪湖的小店買的零食並不十分好吃，卻是聊勝於無。有時候在上海的伯父或姑媽會寄來巧克力和糖果餅乾等零食，非常好吃，只是這些是稀罕

第三章

之物，不能經常享用。

阿婆喜歡躺在牀上用她的放大鏡讀書。她沒上過學，一如她那個時代的大多數中國女性。她的父母給她請過私塾老師，教她認了字，不過她除了自己的姓名，不會寫別的字。她的腳是解放腳。她小的時候纏過足，太痛苦了，她父母於心不忍，放了。雖然是解放腳，她的腳還是有點畸形。

阿婆是她父母最小也是唯一的女兒。她的父母在上海的城隍廟附近經營著一家有著六十多年歷史的文具店，賣文房四寶。阿婆生於一八九四年，上面有兩個哥哥。家裏供這兩個哥哥去法國留學，他們除了花錢卻沒學到啥本事。屬於遊手好閒之輩。

阿婆年輕時長得很好看，深受她父母的寵愛。也因此她的父母對她的婚姻很挑剔，高攀了怕她受欺壓受氣，下嫁了又怕她受苦，正是高不成低不就，到了二十六歲她還在待字閨中。而她那個時代的大多數女子，十八歲左右就要出嫁。

我的祖父比阿婆年長四歲，他在我出生前四年去逝了。聽說他出身於天津市的一個回民家庭。當他十六歲那年，他母親對他說：「兒啊，你成丁了，到你大哥那裏，當個小兵，討口飯吃。」那時還是清朝末年，他的大哥在福建一帶做武官。我祖父去了他大哥那裏，卻聽大哥說：「當個小兵去哪裏都可以。給你盤纏，回去吧！」看起來他大哥還是爲官清廉。我祖父也是年輕氣盛，轉而去了上海，看到警官學校招生的告示，投考了警官學校，在上海成了一名警官。他還去日本留學一年（當時流行去日本留學）。作爲警官，我祖父常帶領他的手下去上海城隍廟附近的舊校場操練。在路上，他會經過阿婆父母開的文房四寶店。阿婆常常坐在樓上靠窗做針線。祖父看到阿婆，被她的美貌吸引，墜入愛河。有時候阿婆在店裏幫忙的時候，祖父就會去店裏買點東西讓她包紮，順便仔細看看她。

不久，祖父讓他的好朋友、軍樂隊的頭目張大鼓去做媒。那時候的婚姻大多是父母之命、媒妁之言的包辦婚姻。阿婆的父母對張大鼓說：「我們是商賈人家，你們是行伍道里，我們是井水不犯河水，不成。」過了幾天，張大鼓又來了，說：「如果你們不同意這樁婚事，你們就要打包離開這裏了。」那個時候在上海，警察是可以騷擾百姓的。阿婆的父母無奈提出了三個條件：第一，我們的女兒不做小妾，如果你結過婚，需要辦理離婚。第二，我們的女兒婚後住在上海，不去天津婆婆家。第三，孩子們都不信回教。我祖父聽聞一連回了三個「好說」。

第三章

我祖父遵守了他的承諾，和在天津的妻子離婚了。然後他迎娶了阿婆並有了五個孩子。阿婆的兩個兒子剛成年，就因爲感染結核病去逝了。阿婆非常傷心。這也是爲什麼我父親決定學醫做醫生的一個主要原因。

一九三七年八月日本人襲擊上海後，我祖父追隨國民政府去了陪都重慶，在成渝鐵路的鐵道警察部門謀得了一個職位。經過激烈交鋒，那年的十一月上海淪陷。阿婆帶著她的五個孩子和親戚一起坐火車，打算到南京轉乘長江輪船去重慶投奔祖父。我父親當時才四歲多。當火車到達南京城外，消息傳來稱南京淪陷，日本兵正在進行大屠殺。火車又掉頭開回上海。回到上海後，阿婆家所在的南市區已經被日本兵佔領了。阿婆一行只能在相對安全的租界住酒店，等到一切安定下來才回到家中。

一家人分處上海和重慶兩地。後來我祖父對阿婆不忠，出軌了在他住院看病時認識的一位女護士，有了當時流行的抗戰夫人。祖父寄回上海的錢越來越少了，阿婆度日艱難。阿婆也一直矇在鼓裏，直到有一年祖父回上海小住，阿婆不經意拿到了重慶寄來的信，裏面有祖父的新歡抱著小孩的照片。阿婆生氣極了，發誓說今生不願再和祖父生活在同一屋檐下。他們沒有離婚，阿婆卻一直遷怒於祖父並不再和他說話。抗戰勝利後，祖父和新歡也分了手，又回到了上海住在伯父家。後來我父親醫科大學畢業後，被分配到安徽蕪湖工作，阿婆就跟隨父親到了蕪湖來居住。

阿婆爲她所有的孫輩所愛。她本人也非常有愛心。她像一隻老母雞那樣地呵護著我。因爲她的愛護，我童年的早期是幸福的，這對我今後將經歷的困苦提供了保護。

第四章

在我們居住的弋磯山醫院山腳下池塘邊平房的西廂是家姓李的人家，有三個女兒。西廂頂頭有間小房間，那是父親和繼母的臥房，妹妹和他們睡一張牀。東廂住著朱伯伯一家，他家有兩個女兒和一個兒子，二女兒小蓮和我同年，後來上小學時是我的同班同學。屋外有個自來水水池，由大家公用。每個夏天一到傍晚，我們這幾家鄰居們便早早地擡出竹涼牀和竹躺椅，躺在上面搖著蒲扇在屋外乘涼，一直到夜裏。我們那時沒有空調，連電風扇都沒有，而蕪湖的盛夏又很熱。我最愛躺在涼牀上看星星。那時候沒有大氣污染，那時的夜空滿是繁星，深夜能看到銀河，我們順著大人的指引找尋牛郎織女星。大人們也給我們講故事，比如牛郎和織女的故事，這是我最愛的故事之一。我們也愛聽大人們談美國總統尼克森（Richard Nixon）訪華的故事。據說周恩來總理用盛宴宴請尼克森總統，其中一道名菜是綠豆芽塞火腿絲，不知道是否眞的很好吃，但是要做這道菜要花多少功夫呀！也不知道這是眞是假。

我們住的房子邊上的池塘上有浮萍，綠色一片。常有人撈浮萍回家餵鴨子。後來醫院的食堂在池塘邊造了個豬圈，養了幾頭長著黑毛的豬。我看著這些豬從豬崽長大成幾百斤重的大肥豬。每次殺豬的時候都有很多人看熱鬧，尤其是我們這幫小孩子們。至今我仍然記得豬被捉去接受屠宰時的尖聲慘叫。豬被殺豬人利索地用刀殺死，然後殺豬人用長長的鐵釬從豬腳踝穿入豬的皮下，從入口處吹氣。豬皮被吹鼓起來，豬的身體膨脹成球狀，然後是剃毛，露出白花花的豬皮。最後是開膛剖肚，豬內臟被逐個取出。在缺乏娛樂的年代，殺豬對我們這些小孩子們來說太刺激、太有吸引力了。

食堂離我家不遠，有幾個非常出色的廚師。殺完豬後，食堂會賣肉圓子。我最愛吃食堂的肉圓子，很鬆軟，入口即化。食堂的包子和饅頭也很好吃。食堂有位老師傅還會表演魔術，曾經看過他的表演。他把一根筷子插進裝滿米的玻璃杯中，然後提著筷子懸空移動杯子，很神奇。

父親給阿婆買了臺磚頭大小的、用電池的電晶體收音機。它給我們的生活帶來了娛樂。剛開始的節目多是播放毛主席的夫人江青主持下編排的八個樣板戲。後來也有了其它的節目。有時候我們也能聽到西方的古典音樂，如清涼的泉水滋潤我的心田，每每讓我深深感動，甚至眼中充滿淚水。

我也有一些小人書：連環畫。每頁是一幅畫，下面有文字。有的是繪畫，有的是黑白的電影照片，例如《草原英雄小姐妹》。我還記得看過反映美國和蘇聯人民生活困苦的小人書。有一本小人書的故事梗概是一位美國爸爸失業，後來找到一份在動物園扮演猩猩的工作。一天兒子隨學校來動物園看動物。來到猩猩館，爸爸看到兒子傷心落淚。還有一本小人書說蘇聯的孩子過生日，得到一套新衣服作爲禮物。後來衣服洗了一水以後縮小了，再也穿不上了，只能給娃娃穿。孩子很傷心。後來有了更好的小人書（連環畫），我最喜歡的是四大名著，如《紅樓夢》、《水滸傳》、《西遊記》和《三國演義》。我後來到上海玩的時候在大堂姐家看過。堂姐夫當時在上海新華書店工作。他們有個與我年齡相仿的兒子，家裏收藏了很多成套的連環畫書以及科學普及書《十萬個爲什麼》。

我還玩過收集糖紙。那時候上海親戚們寄來的糖果，有著漂亮的塑料薄膜（玻璃）

糖紙。有百花糖，金猴糖等。吃完了糖，我會小心翼翼地保存糖紙。壓到枕頭下面壓平。還和小朋友們交換自己沒有的糖紙。有時候我會用糖紙做穿大喇叭裙的跳舞的小人，想像著這些糖紙小人跳舞的曼妙舞姿，我的心也跟著她們旋轉跳躍……

我繼母在生了我妹妹後便疏遠了我。有一天上午，我父親生氣地把我叫到了他和繼母及妹妹住的房間裏。繼母和妹妹躺在牀上，繼母皺著眉頭。原來她從別人處聽說了我說她不是我的生母。我是從一些大人那裏聽說的，又告訴了別的人，最終傳到了我繼母的耳中。我父親指著我的繼母問我：「看著，她是誰？」，「她是媽媽」我像害怕的小羊羔那樣地小聲說。我父親又嚴肅而堅定地說：「孩子，記住，這就是你的媽媽。」從那以後，繼母也許是認爲我再不會和她很親而對我越來越不好了。

在我大約六歲的時候，我繼母讓我去我們和鄰居們共用的水池洗碗。我經常會打碎碗碟，並因此而受到責罵。當父親不在家的時候，她會責罵我笨和懶。她給我講了個故事，說有個懶孩子，他的媽媽要出遠門。走之前，媽媽給他做了張中間有個洞的大餅，套在他的脖子上。媽媽回來的時候發現孩子死了。原來他吃完胸前的大餅，卻因太懶而不會把背後的大餅轉過來到胸前吃。我不覺得好笑，只覺得被譏諷。我也有很多不完美的地方：我動作慢，吃飯人前吃到人後；我掃地也掃不好；我會把髒手絹放在抽屜裏等集滿了一抽屜才洗（手洗）。有一回一位鄰居阿姨到我家來串門，我繼母和她說著話就開始數落我。說到激動處，她拉開我的抽屜讓這位阿姨看我滿抽屜的髒手絹。我感覺極受打擊，羞愧無比。當我的腳長大了，鞋子小了，繼母不給我買大點的鞋子。她說我應該穿小鞋，這樣我的腳就不會長得很大，長大了就不會成爲找不到婆家的大腳婆。於是我就穿著小鞋走路，彎起的腳趾擠在小了的鞋子裏走在地上，很疼。

然而我卻很喜歡我的異母妹妹。我的繼母有很多母乳，我也吃過她的奶。妹妹因爲充足的奶水長得胖嘟嘟的，非常可愛。我有時會揹著她，就像鄉下的小霞揹她弟弟那樣。她大約兩歲多的時候，鄰居朱伯伯給她剃了個寸板頭，看起來像個男孩子，很可愛。她很有運動天賦，和我正相反。我們一起玩過家家。我用竹靠椅和雨傘搭了房子和她一起玩。

後來我們家邊上的池塘被填平了，豬圈也被拆了，醫院在我家廚房後面建了座四層大樓，給實習醫生做宿舍。建造時工地上有沙堆。我和兩三歲的妹妹整天滾在沙堆裏玩沙，在沙裏挖洞。有時我們會挖個大點的坑，找來樹枝搭在坑上，鋪上報紙，再撒上沙掩蓋。這叫害人坑。做好了我們便引人從上面走過，看他們跌落到坑中的狼狽樣子取樂。我們玩得滿身是沙，洗澡時要先站在木頭箍的洗腳盆裏，父親從我們頭頂上將一盆盆水澆到我們身上，腳盆底會積起厚厚一層沙。然後我和妹妹才坐到大木澡盆裏洗澡。我們享受著簡單平凡的快樂。

我們那段時間也很幸運，父親出差逃過一劫。父親和幾個同事到皖南的東至出差，需要坐渡輪過江。當時天下起了小雨，父親和同事們決定找個旅館住一晚再走。他們在旅館剛安頓下來，就聽說他們原本要乘坐的渡輪和另一艘輪船相撞而沉沒了，死了很多人。父親不會游泳，萬幸沒有上這艘渡輪。

第五章

一轉眼，我上小學了。六歲時，我上了當時的所謂抗大小學。記得我的一位叫剛的同學，到長江邊玩水溺水死亡了。當時和他一起玩的另外兩位孩子嚇懵了，沒有及時求救，耽誤了。剛的媽媽傷心欲絕，哭喊道：「老天爺呀！如果你要收走我的一個兒子，爲什麼你不收走我的白癡老二呢？！」我不敢想像剛剛失去哥哥的老二明聽了這話會怎麼想。

第二年，我不能升二年級，因爲有人發現我只有七歲，當時上一年級的年齡是七歲。所以我又重新在弋磯山小學上了個一年級。這對我來說也許是件好事。我大了一歲，更成熟了，學習成績也更好了。老師對我也很好。我喜歡上學，這可以使我逃脫繼母無盡的責罵。

學校的操場就在我家的隔壁，被一堵圍牆圍住。上學就要繞過和醫院相鄰的蕪湖造船廠的職工宿舍，需要步行約十分鐘。我們那時候都是在沒有大人陪伴下自己走路上學和回家。有時候有幾個大一點的男孩子，會欺負我們低年級的孩子們。他們會在上學和放學的路上攔住我們。我很害怕，有時候要跑步掙脫他們的攔截。因爲他們，我小時候上學的路不總是順利的。

我的小學教室的窗戶上的玻璃大部分都缺失。老師會叫我們家長在醫院工作的孩子們問家長去要廢棄的X光片。我們會浸泡這些X光片，然後用小刀刮去上面的一層膜，經過這樣處理的X光片透光就比較好了，就可以裝到教室的窗戶上去當玻璃用遮擋冬天的寒風了。冬天的教室很冷，沒有暖氣，每逢考試的時候，我們會從家裏帶一些木炭到學校，老師會把它們放到鐵簸箕裏燃燒給我們取暖。我們的小手凍得都僵硬了。

每間教室裏的黑板上方都掛著毛主席的畫像，兩旁掛著毛主席的語錄，「好好學習，天天向上」。我們學生要輪流值日，打掃教室的衛生。高年級的學生還要負責打掃操場對面全校公用的公共廁所。那時的公廁裏面有幾個蹲坑，但是都沒有沖水裝置。我們要用水桶拎水，去沖洗學校公共廁所蹲坑裏面堆積的散發著惡臭的糞便，糞便上面爬滿蠕動的蛆蟲。我最不喜歡打掃廁所。

一九七六年，醫院決定拆掉我們住的平房，建造宿舍樓來供越來越多的員工及家屬居住。我們一家和鄰居李家和朱家都一起搬家，搬到了醫院前後山中間的新建的尚未投入使用的同位素樓的底樓。我們將暫時住這裏，等宿舍樓造好了我們會再搬過去。我們搬家的時候，也把阿婆養的貓一起帶了過去。

那年發生了唐山大地震，死傷慘重。醫院裏派了醫療隊去救援。後來也接收了一些傷員（儘管蕪湖和唐山離得很遠）。當時大家都很害怕地震，醫院裏家家搭了防震棚。我們幾家在醫院的車庫邊上搭了共用的防震棚，晚上有時會住那裏。住防震棚對我們孩子們來說很新鮮。夏天放暑假的時候，舅舅的兒子東哥哥到我們家來玩了一陣子。他個子不高，很會玩，是孩子王。我們這幫小孩子們都愛跟著他玩。我們到處跑，追逐他。他還帶我們捉蛐蛐兒（蟋蟀），他是個高手。捉到後會把蛐蛐放在摺好的紙管裏。然後再把蛐蛐放到小瓦罐裏。我們看他用蛐蛐草逗蛐蛐，挑動蛐蛐們打鬥。那個夏天過得眞爽。

一九七六年九月九日上午，我們接到通知將有重大消息會發布，讓我們做好準備。

因爲不知道是什麼事情，人們紛紛猜測，有人猜測會有大地震發生。阿婆做了點吃的，又帶了些她以前做好的炒麥粉，帶上妹妹和我去了防震棚。稍後，大喇叭裏播放起哀樂，一個沉痛的聲音宣佈偉大的領袖毛澤東主席與世長辭了。這個消息的衝擊力大大高於地震，一時間彷彿天塌下來了。全中國都沉浸在哀樂聲中，到處都搭起了靈堂。包括醫院和我的小學。我們都戴上了黑袖章和小白花給毛主席戴孝。學校召開正式追悼會那天，每個人都像是在哭，有的人哭得特別傷心，死去活來地在地上打滾。我那時八歲，哭不出來，卻害怕因爲不能像其他人一樣爲毛主席哭喪而有麻煩，我便趴在桌子上，頭枕在胳膊上假裝抽泣。這是我一生中唯一的一次假哭。那一年是中國悲傷的一年，死了好幾位最高領導人，從年初深受人們愛戴的周恩來總理開始。

毛主席逝世後不久，他的夫人江青和她的同黨「四人幫」被粉碎了。這標誌著持續十年的文化大革命的終結。整個國家轉入了慶祝的模式。我在蕪湖的劇院裏看了由演員扮演四人幫的搞笑「活報劇」（應時性、時事性的戲劇）。在學校裏也有同學扮演王張江姚四人幫逗我們發笑。不久以前，這四人幫還是高高在上大權在握，一時間卻成了階下囚被打倒並被眾人踩上一腳，爲萬民唾棄，多麼富有戲劇性！有傳言說毛夫人江青身上的一切都是假的：假髮、假牙、假胸、假屁股，等等。鄧小平上臺了，引入改革開放和前所未有的經濟高速增長的新時代。

我讀小學的早期是很容易的時光，沒有多少家庭作業，很快樂。小杰和瑩是我最好的朋友。我們三個小夥伴一起度過了無數的好時光。小杰家總有好多新奇的玩意兒。有個馬口鐵製的存錢罐，有把小鑰匙可以打開底下的小門，一分、兩分和五分錢硬幣就掉出來了。她家還有一架風琴。小杰媽媽沈阿姨是繼母的好朋友。她其實終身未婚。小杰是她弟弟的孩子，過繼給她。她對小杰很疼愛。沈阿姨說話帶南京腔，很風趣，我們小孩子們都非常喜歡她。她以前在教會學校上過學，會些英語。她曾經在她家門口給我們這些小孩子們教簡單的英語單詞。Book（波克），school（思庫）……。我們用中文的發音來記憶這些單詞。她用她的南京腔教我們說學英語的打油詩，「英文不要多，只要一個Yes和No. 來是Come，去是Go,……」我九歲的時候開始在學校學英語，第一課是「Long Live Chairman Mao」（毛主席萬歲）。沈阿姨教的英文更加有趣。她點燃了我對英語的興趣，英語會在將來改變我的生活。她還有個歌本子，抄錄了很多好聽的歌曲。她是我在音樂方面的啓蒙老師，我跟她學會了讀簡譜。她也教過我彈風琴，我手太笨沒學會。她曾教我唱「瑪依拉」（由王洛賓採編的新疆哈薩克民謠），「人們都叫我瑪依拉，詩人瑪依拉，牙齒白，聲音好，歌手瑪依拉……」

小杰家有親戚在美國。在我七歲左右，小杰家有了當時我們整個醫院的第一臺電視機，黑白的，屏幕只有九英寸。我們都到小杰家看電視，一間屋子裏擠滿了人。夏天時，沈阿姨就把電視放到門外讓人看。記得我在她家看過日本電影狐狸的故事，講述狐狸一家在大自然中生存的故事，讓我深深感動。小狐狸們長大了，狐狸媽媽把他們趕走讓它們獨立生活。狐狸媽媽後來被獵人設的捕獵夾子夾住了，慢慢地死去。我看得哭了。我非常喜愛這部電影的主題曲，是日語歌，其中有「good morning sunshine」的英文歌詞。

我在夏季也經常去長江邊上去玩。我愛在黃昏時分看駁船在長江上行駛。我也愛坐在江邊的岩石上看漁人搬魚。漁人在江邊的岩石上用毛竹杆搭架子張了漁網。漁人把漁網放到江中，過一會就拉架子把漁網搬起來，魚兒會在網上跳來跳去。後來江邊的右側建造了連接對江的汽車輪渡。我也愛到停泊在那裏的渡輪船上面去玩。這些影像都深深地鐫刻到了我的記憶中。

第六章

我們在同位素室樓下住了約兩年多。朱家和李家仍然是我家的左右鄰居。後來又搬來了另一家姓朱的人家。他家排行老五的最小的女兒愛武和我成了好朋友。愛武比我大幾歲，個子比較矮小，一條腿有殘疾，走路有點跛。愛武讀過不少書，曾經講聊齋故事給我聽。我們小孩子經常在一起打撲克牌玩。也經常相互追逐。有一次追逐遊戲中，我失足摔下了坡，右眼角被什麼東西劃破了，流血了。父親給我一邊處理傷口、一邊責罵我。我險些失去一隻眼睛。傷口好了以後，留下了一小道看不大出的疤痕。

我那時穿著阿婆用灰色布料親手縫製的老式褲子，兜檔，不好看。繼母經常當著我的小夥伴們和其他大人的面嘲笑我，說我褲襠裏可以裝隻老母雞。我深深地感到被羞辱。這話刺痛著我的自尊心。有次繼母讓我掃地，我沒按她的要求掃，她便責罵我，罵著罵著，她看到我的視線盯著裝著我留作紀念的、凝結著我美好記憶的小時候的玩具（一些塑料小勺等拌家家的玩具）的籃子。她越來越生氣，過來一把拿走籃子，把裏面的東西悉數倒進家裏的煤球爐子裏燒燬。我非常傷心，獨自哭了很久。那時每次洗完澡我要自己洗衣服。冬天洗厚厚的外衣，對那時幼小的我來說不是件容易的事。我的手凍得通紅，生凍瘡。不過那時李家的大女兒萍姐姐的日子也不好過，雖然王阿姨是她的親媽，卻十分地不待見她。

我家的貓下了一窩三隻小貓，一隻花貓，一隻黃貓，一隻灰貓，毛茸茸的非常可愛。我非常喜歡它們。不料有一天夜晚不知什麼野生動物偷襲了小貓們的窩。第二天我們發現小黃貓不見了，小灰貓死了，肚皮上有一道小小的口子。我很傷心，和小夥伴們在同位素室後面的小樹林裏埋葬了灰貓的屍體。只有小花貓活了下來，後來送人了。有一次老貓失蹤了多日，回來時發現頭頸上縛了段繩子，還腫了個膿包。大概老貓被人捉去後咬斷繩索才逃回來的。父親給它打了過期的抗生素，老貓終於好了。

第二年冬天，八十三歲的阿婆中風了，偏癱臥牀。父親的農民朋友、陶辛鄉的毛書記的十六歲女兒小妹來我家幫助照顧阿婆。毛書記是大隊書記，有眼疾，被父親治癒，

第六章

與父親成了朋友。每年都會來我家走動。小妹長得很結實，皮膚黝黑，臉上有兩塊紅暈，透著青春氣息。不過到底年齡小，不太會照顧病人。後來換了乾瘦的徐媽。阿婆不喜歡徐媽。徐媽做了一陣子也走了。

後來同位素室正式啓用了。我雙眼常常生偷針眼（麥粒腫）。父親驗血發現白細胞減少，懷疑是同位素室的輻射造成的。遂向醫院交涉。醫院並沒有讓同位素室的工作停下來。好在家屬樓蓋好了，我們搬了回去。我們分到了二樓的一套獨門獨戶的公寓，有廚房和廁所。廁所雖然還是蹲坑，卻有了水箱可以沖水，乾淨衛生了許多，我們不再需要倒馬桶和痰盂了。

搬去新家的時候，繼母沒讓我帶上老貓。晚上老貓找來，在外面一聲聲地叫門，用爪子抓門。繼母堅決不讓我給老貓開門。老貓悽婉地叫著，爪子像抓在我心上一樣，一道一道，彷彿抓出血來。不知過了多久終於歸於平靜。我再也沒有看見老貓。後來聽說她又回到同位素室一帶，成了隻流浪貓。

搬到新家後，小學開始抓學習了，我上四年級了。鄧小平上臺後，中國提出了實現四個現代化的目標（工業、農業、國防和科學技術現代化）。爲了實現這一目標，中國開始重視教育了。因爲當時經歷了文革，教育資源嚴重不足，中國就採取了設置重點中學的策略，雖然這不是很公平。爲了能進重點中學，我便開始了緊張的學習生活。我無憂無慮閒散的童年結束了。

父親工作很努力很辛苦。他是一位優秀的耳鼻喉科醫生。有時有急診，父親會在半夜裏被叫去出診。他拯救了很多患者的生命。在晚上父親還寫作科學普及書籍，他一共出版了四本科普書，教讀者怎樣保護耳鼻咽喉。他也在學術刊物上發表了很多論文。當時在中國病人愛給醫生送禮物或紅包，我父親堅決不收。父親一生行醫，恪守醫德。中國開始尊重知識分子了，我父親成爲了他所在的科室的主任，並成了醫學院（醫專也改爲皖南醫學院）的教授。

父親總是鼓勵我努力學習，並且給我訂閱了《兒童文學》、《少年科學》等雜誌。家裏也長期訂閱《文匯報》。我養成了愛閱讀的習慣，耳濡目染對我的寫作也大有幫助。在閱讀中我感受到快樂，並能脫離繼母的惡言惡語。我們也買了一臺十幾英寸的黑白電視機，不用再去沈阿姨家去看電視了。但是因爲學業加重，我也沒有太多的時間看電視了。

第六章

中國也開始實行獨生子女政策來限制人口的增長，一對夫婦只能生一個孩子。我的繼母被分派去管醫院員工的計劃生育工作。這是一份很輕鬆的坐辦公室的工作，然而我繼母卻不是很高興，因爲她錯過了許多晉升的機會。她與我父親的關係也是每況愈下。我父親熱愛他的工作，繼母也許是出於心疼他，不希望他那麼努力地工作。他們兩人常常爲此有矛盾。他們也來自於非常不同的背景。我的繼母是安徽青陽縣人，我父親是上海人。我繼母非常節儉，省吃儉用，經常不同意我父親要買東西的計劃。隨著他們關係的惡化，我繼母不斷遷怒於我。而看到我繼母對我不好，我父親便更加生氣，如此形成惡性循環。

因爲住得獨門獨戶，鄰居們也不再親熱地往來了。繼母對我的精神虐待進一步加碼。我經常長時間地獨自哭泣。在我十一歲的時候，我曾有過要自殺的念頭。阿婆的健康也是越來越糟糕了，她早已無法再呵護我。她越來越衰弱了，昏睡的時間越來越長了。五年級下學期的一天早上，我正在小學校上課，父親來學校把我帶了回家。阿婆在睡夢中仙逝了，擺脫了長期臥牀的痛苦。當天下午，阿婆就在神山火化了。她終年八十六歲。那時我十二歲。

繼母雖然對我刻薄，她在外面卻對人很友善，外面的人都說她是個好人。有一位在副食品公司工作的大姐和我繼母成了朋友。我繼母幫她介紹醫生看病，她幫繼母購買優質的肉類和雞蛋。那時買副食品還是要憑票的。這位大姐幫助我們在食品短缺的年代，獲得質量更好的食物，給正在長身體的我和妹妹提供了難得的營養。

同年夏天，小學升初中的考試我發揮得不錯。考進了重點中學安徽師範大學附屬中學。那一年弋磯山小學的畢業生中，只有幾個人考取了重點中學。

第七章

不久，我開始上初中了。我的學校在蕪湖市中心，離家步行要三十多分鐘。學校離皖南醫學院比較近。我們醫院裏的在師大附中上學的孩子們，都坐醫院接送住在皖南醫學院的員工的巴士去上學。那時沒有人家裏有私家車。我經常會趕不上巴士而需要步行去學校。

學校由一條馬路分成初中和高中兩個校區。初中校區坐落在一座小山上，風景很美。主樓是一棟三層樓高的教學樓。教學樓的周圍環抱著冬青樹叢。小徑兩旁的冬青樹樹冠合抱成拱形，我最愛在其下面走路。後來這些樹都被砍掉了，理由是遮擋教室的陽光，影響照明。失去這些樹，我感到很惋惜。

每個班級大約有五十來個學生。每一個年級有六個班級。我們男生和女生相互不說話，各玩各的。我的班級裏有三個比較強勢的女生，她們常常在一起玩。有一回不知怎麼的我得罪了她們，她們就在班上孤立和封殺我。她們只要看見有別的女生們和我一起玩，就會把那些女生們拉走。他們欺負我，我感到很難過。這種情況持續了快一年。直到班上有一位好心的女生牽線，促成了我們的和好。

在學業方面我做得很好，除了數學不是很拿手，其他的功課都學的不錯。我的初中老師們都很好。我的英語老師兼班主任，是位小巧玲瓏的說話帶福建口音的女老師。據說她是菲律賓華僑，在一九五〇年代回到了中國。她年輕時曾經是位藝術體操運動員，因此她保有優雅挺拔的身姿。她很幽默，常常逗我們發笑。她對我很好，我很喜歡她。我也很喜歡我的物理老師。他講起課來聲音洪亮，總是能把抽象的物理概念講得深入淺出，讓我們容易理解。因爲要著重於學術課程，我們很少上音樂和美術課。在我那個年代對於大多數人來說，要學會一種樂器是一種奢望。

因爲學校離家比較遠，我們中午在學校吃午飯。我們從家裏用鋁製的飯盒帶飯菜來學校在食堂蒸飯吃。後來，我的一個也是來自弋磯山醫院的同學的媽媽，認識學校附近的華僑皮鞋廠的人。皮鞋廠的食堂的飯菜很好。這位同學的媽媽通過她的朋友，給我們買了皮鞋廠的飯菜票，讓我們去那裏吃午飯。有一天吃飯的時候，我注意到對面的一個男生在看我。我也沒多在意。吃完飯回學校的路上，他不緊不慢地跟著我。到了學校經過一個賣冰棍的攤位，那位男生突然要給我買冰棍。我嚇壞了，拔腿便跑。我那時才上初二，和男生說話和談戀愛都是禁忌。

初中三年很快就過去了。初中升高中的考試我又考得不錯，我考取了安徽師範大學附屬中學這所重點中學的高中部。

高中部在馬路對面，高中有三個年級，每一年級有四個班，每個班大約有六十個學生。我在這裏結識了一些終身朋友。班上的男生和女生依然不互相說話。因爲身體裏湧動的荷爾蒙，我開始對男生有了朦朧的興趣，但是我不敢早戀。這仍然是個禁忌。在我上高中期間，香港和臺灣的流行歌曲在我們學生中很流行。我們有些男生和女生很有天分，歌唱得很好，他們會在一年一度的迎接新年的晚會上演唱。我們在家的時候，沉迷於觀看日本電視連續劇，山口百惠演的「血疑」，牽動著我們這些少男少女們的心。男生們愛看武俠小說，尤其是香港作家金庸的大作。女生們迷上了臺灣女作家瓊瑤的言情小說。我沒怎麼讀武俠小說，不過我讀過很多瓊瑤的作品，爲其中的男女主人公灑了不少眼淚。在那些年裏，中國女子排球隊也登上了頂峰，獲得了世界冠軍。這在我們這些學生中掀起了排球熱。我們課後會在學校打排球或觀看學生和老師排球隊之間的比賽。我也和同學在場下打排球玩，但是我的水平很差，不能上場打比賽。

高一快結束的時候，我們要選擇繼續學文科還是理科。在當時文科的機會少一些。那時有一句流行語，「學好數理化，走遍天下都不怕」。如果要學文科，我要離開原來的班級，加入新開的文科班。我不想離開我的班級，我就選擇了理科。

我們那時都要上政治課，政治在高考（大學入學考試）中佔一百分。我們要學馬克思主義經濟學原理。政治老師總是告訴我們：資本主義是腐朽的、垂死的，雖然需要花很長時間才會死亡，它是垂而不死的。現在看來這完全是謊言，但是我們那時卻被迫學這些。我當時雖然不喜歡這門課，但是教這門課的老師很不錯，講課有條理也很風趣，他使得這門課可以忍受了。

語文課上我們要寫議論文，我沒有啥想法，總是寫不好議論文，雖然我寫敘事和抒情的文章還是寫得不錯的。記得我們曾經要寫一篇「喇叭褲與美」的議論文。當時喇叭褲曾經很流行。老師要我們寫要注重心靈美而非外表的美，而我卻沒啥感想，找不到我的論點和論據。我在高中學習上有些鬆懈，可能是因爲在我青春的身體裏萌發的荷爾蒙的影響。我的注意力不是那麼集中了，有些分心。

高中期間，我在家裏的生活因爲我繼母無休止的苛責而很悲慘。她很少體罰我，但是她惡毒的言語深深地傷害我。我經常在我的臥房裏長時間地哭。我甚至會想到要喝殺蟲劑自殺，不過我不敢去做。她罵我懶，說我是妓女，她對我說各種難以想像的話語。有一次我的一位好朋友來我家看我，我繼母當著我朋友的面罵我，罵到興頭上還操起一把笤帚打我的腿。還有一次鄰居來我家，我在讀報紙，她對鄰居數落我，然後突然奪過我的報紙，當著鄰居的面撕毀它。

在此期間，有一次我繼母和我父親吵架了。她踢開我房間的門，揮舞著她的拳頭打我。她越打越來氣，便跑到廚房操起切菜刀在我面前揮動，一邊說她要先殺了我，然後再殺我爸，她一條命換我們兩條命，她賺了。我父親趕緊上來攔住她。我父親不能忍受了，要和她離婚，並且找他的好朋友讓我借住在他們家。看到我父親認眞地要離婚，我繼母軟下來了。她做了好吃的菜飯讓我吃，並讓我去叫我父親來一起吃。那個時候在中國，離婚是件不光彩的事。我也想到我妹妹，不想讓她失去父親，有個破碎的家。我於是勸說父親不要離婚。從那以後，我繼母沒有再做那麼過激的事，不過她仍然繼續著對我的言語虐待。

終於，高考這我一生中最重要的考試來臨了。高考持續了三天。當分數出來時，我不但考過了普通大學本科錄取分數線，還超過了重點大學分數線幾分。我們要填報志願，填報我們想去的大學和想學的專業。我打算學醫科類，也想離開蕪湖這個相對來說比較小的城市。我想去上海，中國最先進的大都市。我選了上海醫科大學（後來併入了上海復旦大學），我父親的母校。上海醫科大學在當時中國的醫學院校中排名很靠前，其醫學專業錄取分數線很高。我的分數不夠上上海醫科大學的醫學專業，儘管以我的分數，我可以去安徽的醫學院校——包括我父親工作的皖南醫學院學醫學專業。我讀了上海醫科大學的招生簡章，發現他們有個新專業：護理本科專業。當時上海醫科大學是第二年招生四年制的授予學士學位的護理專業。我選了這個專業，希望以後能夠成爲中國護理界的一位領導者。

那年夏天，我父親讓我去南京阿姨（我生母的妹妹）家小住。我以前從未見過我的阿姨和她的家人。在我出生後幾天生母去逝後，我父親和我的外祖父母有了爭執，我以後就沒能見到他們。我的阿姨和姨父都是很善良的人。我的姨父在南京醫科大學做病理生理學的教授，我阿姨在這所大學的圖書館工作。我試圖向我阿姨瞭解我的母親，儘管我得到的信息是有限的。我只知道我母親生前在上海的一家結核病醫院做營養師。我的外祖父是位汽車司機，曾經爲上海的知名科學家開車。我阿姨有兩個和我年齡相仿的孩子們。我與我的表哥和表妹相處融洽。我這個夏天在阿姨家過得很愉快。很快我的人生就要開啓一個嶄新的篇章。

第八章

當我即將去上海上大學的時候，我父親作爲安徽醫療隊的一員，去民主葉門（南葉門）援外了。當時中國每年都會派醫務人員去阿拉伯或非洲國家支援他們。這些差事在當時對於醫務人員是有吸引力的，因爲他們可以掙美元，並且在回國的時候可以買當時緊俏的奢侈品，例如彩色電視機、電冰箱、洗衣機、高級音響等。我父親要在那裏待兩年。我和朋友們乘坐極度擁擠的火車去上海，開始我的大學生涯。

我在上海的大堂哥到火車站接我並帶我去了我的大學。大學座落在上海市中心的徐滙區楓林路。我們找到了我的宿舍，在一棟五層還是六層的女學生宿舍樓的一樓。每一間宿舍裏面有四張有上下鋪的雙層牀，住著同一個班級的八位女生。我堂哥幫我在我的牀鋪搭好蚊帳，蚊帳與其說是防蚊，不如說是給我們提供一點私密空間。我的牀鋪在上鋪。

很快宿舍裏的同學都到齊了。俏身材高挑，膚白高鼻似外國美女，來自浙江舟山。東來自內蒙，半個蒙族，有蒙古美人的樣子，住靠窗的一個下鋪。青梳著根又粗又長的辮子，拖到臀部以下。來自山東的波，起先有些鄉土，很快融入大上海出落成一個窈窕女郎，笑起來嘴角有兩點淺淺的酒窩，仍然帶著些山東俏媳婦的韻味。我的安徽老鄉紅，留著劉海，樣貌清純，有種山口百惠的氣質。上海的那個小個子女孩被我們叫做「小孩」，很可愛，像孩童。來自上海近郊的小佩白皙，像個古典的小家碧玉，在中學時就有個追求者，常來宿舍看她。見到上海同學青時，我跟她說起了上海話。我多年不說了，還是兒時和阿婆一起說上海話的底子，說起來已經不流利了，不過青立即稱讚我，我有了信心，就說起了上海話，很快一般人就聽不出我的上海話有任何外地口音了。

我們這班一共四十位同學，全部是女生，而且幾乎個個都很漂亮，很快我們便成了學校裏的一道靚麗的風景。找我們班聯誼的有男生的班有好些個，我們成了別班男生愛、女生妒的一群小狐狸（護理）。我們美名遠揚，連離得不遠的交大男生都慕名前

第八章

來。

不久就見我班有同學和男友出雙入對。氣質典雅、風度翩翩的冰的達令，是醫學系的一位戴眼鏡的文質彬彬的男生。阿潔在我班年齡最小，個子高，娃娃臉，本來有著好看的單眼皮，卻不知從哪裏弄來了一種膠水，粘雙眼皮，很有效，深深的雙眼皮讓她的眼睛顯得更大，更像洋娃娃。追她的人至少有一個班，她也不斷換男朋友。記得有一段時間，她的護花使者是校籃球隊的一位高個男生，兩人形影不離，是對讓人羨慕的金童玉女。萍比我們大一歲，來自西北，上過一年民族學院，比我們明顯成熟潑辣，笑起來咯咯咯如一串銀鈴，老遠就能聽見，渾身上下散發著甜膩的女人味，手翹著蘭花指，走路飄搖似跳舞，媚態百出，如鉤的雙目發出讓男人魂不守舍的魅惑，是東方版的瑪麗蓮夢露。她當然是不會落了單，有位如影隨形的護衛。我寢室的東剛來學校，就被蒙族老鄉帥小夥追上，兩人一往深情，常彈吉他，很浪漫。

同學中我要好的朋友慧，是上海浦東一重點中學的高材生，英語好。她也和我一樣經常參加學生會活動。她高個子，大眼睛，有著智慧的高額頭，在人群中總是能吸引人的注意，像一粒璀璨的明珠。仰慕她的人甚眾，但她像朵高潔的雪蓮花，盛開在高原的絕壁上。一天，她收到高年級男生的一封信，他說他在階梯教室坐在她身後。慧發動全寢室同學去階梯教室「觀察，把關」，結果發現一個看上去還可以的傢伙，原來就是他！他對慧看來窺視已久。這信，尤其是裏面的那首詩深深地打動了她。美女禁不住追！詩歌這個陷阱讓多少美女陷落呀！這位男生長得挺好，言行舉止得當，走在慧身邊，她心裏有種開心的感覺和微微的驕傲。

我班還有大美人庭，眉眼分明很上鏡的那種。雲美人安靜賢良，有種溫和的氣質。皮膚白皙的蘭是個帶著傲氣的冷美人，散發著幽香，卻不易讓人接近。還有，還有……

我算不得那種一看讓人驚豔的美女，但卻耐看。從小就被誇秀氣，笑起來兩眼似彎月。我那時從阿姨（母親唯一的妹妹）處拿到了外祖父母留給我的兩千元錢，經常上華亭路服飾市場淘漂亮衣服，算是對繼母一直不給我買新衣的一種補償。慢慢地我也摸索出了品味，穿出自己的風格。長髮垂肩的我，曾穿一件淺米色羊毛衫，細格子紅色呢子裙，配棕色及膝的靴子，外罩一件文氣的紅藍格子薄呢子中長大衣，頗有淑女風範，也成了校園裏眾多美女的一員。

我一到大學，就被當時豐富的學生社團活動深深地吸引。我一下子報名參加了好幾個社團，如文學協會、心理協會和攝影協會。攝影我一竅不通，我很快就退出了攝影協會。除了能敘事、沒有其它文學才能的我，在文學協會混跡了一段時間後也退出了。只有心理協會的活動我一直參加，因爲眞的喜歡心理學。當時中國的大學對西方文明很開放，大學裏經常有各種社會科學的講座，流行各種西方思潮。我也買了很多西方哲學家的書，我讀尼采（Friedrich Nietzsche），羅素（Bertrand Russell）。我也讀了弗洛伊德（Sigmund Freud）的書。閱讀這些書塑造了我的思想。

學生會在那時當然是最吸引人的，我自然沒落下學生會的活動。第一次去，我就被學生會副主席的風采迷住了。第一眼看到他，我整個人就楞住了。

他來自北京，說一口好聽的北京普通話，高個，清俊，渾身透著淡淡的書卷氣和一種乾淨的氣質。常常習慣性地將頭向後一甩，瀟灑極了，用時下流行的話說是帥呆了！在一群人中，他很安靜，卻出挑，默默地吸引人的視線。

在校園裏，只要遠遠地看見他，我的一天就充滿陽光，滿心歡喜。幾天望不見他，我就若有所失。我想盡辦法接近他，卻又不敢太近，就那樣保持一定距離地望著他。

我當時也掛名是校報的撰稿人，於是以寫稿爲名採訪了他。事後卻不知怎麼寫。浪費了無數張稿紙後，終於交了篇不知所云的文稿，在校報上刊發了。此後我再沒有做這樣的嘗試。

他應該是注意到我的。有一天在食堂排隊打飯，身後突然傳來熟悉的、好聽的北京普通話：「高曉嵐，能借我些飯菜票麼？我忘帶了。」我心裏一怔，隨即狂喜，趕緊給了他一疊飯菜票。

我就這樣暗戀著他。一天，學校的禮堂上演話劇，最愛話劇的我當然去看了。在找座位時，突然看到前面不遠處的座位上坐著他。我眼前一亮。接下來我看見他的身邊，坐著一位漂亮的很有氣質的姑娘。我感覺心跳停止了，無法呼吸，人像要死掉一般。我也不知道怎樣在自己的座位上坐下，整齣戲不知演了些什麼。後來我又一兩次看到他和那位姑娘在一起，我猜她一定是他的女朋友。

就這樣過了近兩年。他快畢業了。一天，在舞會上見到他（那時中國的大學裏流行跳交誼舞，我一入學就學會並愛上了跳舞），沒曾想他走到我跟前請我跳舞。我有些不知所措。他告訴我他以前不會跳舞。我的心思不知去哪裏了，會跳舞的我一下子變得無比笨拙，好幾次踩到他的腳，引他直道歉。曲終，他向我提出了交換照片的請求，我一口答應。

我對我所有的照片都不滿意，於是特意到外灘去照了一張照片。一天，他來到我寢室，和我交換了照片。照片中的他坐著，雙手交叉放在膝蓋上，說不出的英俊瀟灑。他還在我的通訊錄裏留下了他北京家裏的電話。

我珍藏著這張照片。後來搬家中遺失了。我懊悔萬分。現在他的模樣已然模糊。縱然在茫茫人海中再次擦肩而過，我不知我還能不能認出他。不過如果他還做那甩頭的動作，我一定能從眾人中認出他。

那年夏天，繼母、妹妹和我去北京接去民主葉門援外醫療隊工作兩年歸國的父親。我給他打了個電話，他邀請我去他家。我如約去了。先在他父母家見到他和他的父母。然後他帶我去他住的、他出國了的姐姐的房子。房子一居室，不大，收拾得很乾淨整潔。我們聊天聊了約一小時，然後他送我上了公共汽車。我們就此別過。

開學後不久，我接到他一封信。他在信中告訴我他即將到美國留學。我接到這封信的當晚，乘坐49路公交車趕到在人民廣場的電信大樓，給他打了個長途電話，我們簡短地說了幾句話。從那以後，我與他失聯。

前前後後，我一次也沒向他表白。他是我生命星空的一顆明亮卻遙遠的星星。我們曾有緣相距不太遠，卻註定要彼此錯過。我或許是怯懦的，始終沒有鼓起勇氣向他表白。也許我害怕被拒絕。然而正因爲剋制，這份感情保持著純眞，沒有被塵世的瑣事污染。這就是我的初戀，一場刻骨銘心的暗戀。

我的大學生活仍然繼續。雖然學校開辦護理系的初衷是好的，但當時辦學尚沒有經驗。我們學的東西基本是醫學和護理的蓋澆飯，再加上刻板的護理操作的機械訓練，並沒有學到以人爲本的護理學精髓。我們那時要練習鋪牀，要把牀單折成一定的角度壓在牀墊的四個角下。又不是賓館的服務員，我想不出鋪牀和病人護理之間的關係。笨手笨腳的我總是鋪不好牀。我那時就是不喜歡學習本專業，而是混跡於各種校園社團，還報名參加課外的自費的英語課。老師很風趣，給我起了Shirley這個英文名，這是美國著名童星Shirley Temple的名字，和我的中文名的發音也相似。我很喜歡這個英文名，就沿用至今了。當時護士基本都是中專生，我們高護班不被看得起。而且我們的護士隊伍也普遍不待見我們這些本科生。我們專業的名稱「高級護理」也經常受到別人誤讀：「高級護理，哇，你們畢業出來是不是護理老幹部的？」

第八章

大三那年剛開始，在一次舞會上一男子邀我跳舞，跳了一整場，告訴我他畢業於北大（北京大學），在交大（上海交通大學）做老師。一聽說北京，我頓時產生了一種好感。舞會結束，他送我到宿舍樓前。下個週末他又來請我跳舞，我第一次讓人追我，沒有躲避。我並沒有心動，卻因被愛而開始了我一生中第一次眞正的戀愛。或者更準確地應該叫拍拖或約會，嚴格意義的戀愛應該是互愛，而我卻只是被愛。不過從小缺乏母愛的我也因他的愛感動。被愛是安全的，也不必付出太多，只要默默地接受。於是我也成了依人的小鳥，加入了校園裏成雙成對的情侶行列，過起了有人幫忙打開水（當時在中國的大學裏用熱水，需要去供水處用熱水瓶打開水）的生活。他帶我去學校周邊的公園去約會，也給我拍了很多美麗的照片。

然而在一九八九年的春末，在中國的大學校園裏，爆發了一場「反腐敗、促民主」的學生運動。學生們很激動，在校園的公告欄上貼滿了要求民主的大字報。我也參與其中，每天讀這些天字報並且也上街去遊行。學校的教學完全被打亂了。

來自北京和全國各地的學生們佔據了天安門廣場。最終鄧小平下令軍隊，把學生們從天安門廣場驅散。坦克和全副武裝的軍隊開進了天安門廣場。軍人對學生和在場的其他平民開了槍。有人因此死亡了。西方媒體駐北京的記者拍錄的視頻，在西方國家的電視頻道上播放，西方將此事件稱爲「天安門廣場大屠殺」。然而在中國，我們永遠不知道事情的眞相。中國政府的宣傳說這是一場動亂。

隨著事件的推移，我變得越來越興奮，我的大腦快速閃現著各種想法。我夜不能眠。我在我的**Walkman**錄音機上錄了一段話，讓我在上海醫科大學別的專業的、來自我同一所高中（安師大附中）的同學，帶回蕪湖給我的父親。我說的話邏輯不清，不知所云。當我宿舍的同學都離開以後，我一個人在宿舍裏踱步，跳舞。我在宿舍的牆上寫下支離破碎的詞語。有一天夜晚，我告訴我的同學說我可以從這裏劃一條線，連接北京，和學生運動的領導人通話。我的同學感到我不大對勁，就彙報給老師。老師找了精神病醫院的一位醫生來看我。這位醫生說我需要接受精神科藥物的治療，單純的心理諮詢治療幫不了我。老師於是聯繫了我父親。

我父親儘快地來到了上海，把我從學校接到我大堂哥的家裏。他聯繫了在蕪湖附近的一家有精神科病房的軍隊醫院，讓我去那裏住院治療。這是我第一次精神病發作。我當時二十一週歲。我舅舅（繼母的弟弟）當時是蕪湖市的副市長，通過他的關係，他找

了一位司機開了輛小轎車來上海，把我和父親接送到蕪湖附近的那家醫院。我便開始了我一生中的第一次精神病醫院住院的經歷。

第九章

我住進了一個封閉的精神病病區。病區裏有五十多位病人。每間病房住著四個病人。住進醫院，我仍然很興奮，不怎麼吃東西，人很消瘦。還用牙膏塗在臉上，對護士說那樣美容。開始時服用的藥物對我無效，醫生給我做了十次電休克治療。只記得我被帶到治療室，躺在治療牀上，護士將保護舌頭的牙墊置入我口中，然後我就覺得一側太陽穴一涼，那是一側電極貼上的感覺。然後我就什麼也不知道了（我不記得他們有沒有給我上痲醉）。醒來時我發現自己已經在病房的病牀上了。

我在服用一種非典型抗精神病藥後（每個人適用的藥物不同，要在醫生的指導下用藥）開始好轉。食慾也大增，醫院的饅頭我一頓要吃四個。記得我的交大男友從上海來看我，隔著病房的上了鐵欄杆的紗窗。我的手心貼著他的手心，也不知對他說了什麼沒心沒肺的話。那次妹妹也來看我。

當時中國的精神科病房條件不好，病人活動空間狹小。我記得和一班病友從病區走廊的一頭走到另一頭，反覆踱步打發時間。護士只管發藥。我們唱著歌，我覺得我好像小說《紅巖》裏的獄中人物。還記得有位年近七十的老嫗在行列中，很神祕的樣子。有個男護士，有次在值夜班量體溫時（腋下體溫）觸摸我胸部敏感部位，我很反感。第二天我告訴了女護士。也不知道他們信不信我的話。後來那個男護士還在病區裏，不過對我有所收斂。

入院一個多月左右我出院了。回到蕪湖我父親家裏。十月，我的交大男友來我家看我，我感覺他對我的感情似乎有了動搖。一年以後我復學時再到交大看他，他與我已經是形同陌路。一個曾經那麼愛我的人。他可能是害怕了。當時中國社會對精神疾病非常不瞭解，有很大恐懼。他可能迫於現實的壓力。

我父親是醫生，懂得些精神醫學，他讓我按醫囑服藥，堅持正規治療，對我有信心。繼母有些內疚。最讓我感動的是妹妹，不知我將來的以後，她曾經對父親說：「爸爸，你別擔心。我以後會照顧姐姐，我有一口飯吃，就不會虧待姐姐。」我親愛的妹妹，雖然不是由同一母親所生，卻對我能有這份愛心。

我服著有較強鎮靜作用的藥，每天早上提不起精神。還忍受著其它副作用。周圍的人看我的眼光有點異樣。最讓我不堪的是體重增加的副作用。原本一米六身高一百來斤的苗條的我，變成了一百三十多斤的胖妞。當我去上海上大學時，彷彿一隻小鳥飛出了鳥巢。然而那隻飛鳥折翼了。我那時曾想，要是我的病再次復發，我就結束我的生命。

我當時的診斷是精神分裂樣精神障礙。多年以後我來美國看了美國的精神科醫生，被診斷爲雙相情感障礙（**Bipolar disorder**，俗稱躁狂抑鬱症）。學生運動的混亂，可能觸發了我的病的發作。然而我繼母多年來對我的精神和情感上的虐待，也可能導致了我的病。後來我又從我阿姨那裏得知我的外婆年輕時有過精神障礙，卻沒有就過醫。遺傳看來也是一個主要的原因。

那一年休學養病期間，我試著複習備考，因爲回去復學要補考大學三年級學的科目。我讀著那幾本大部頭的教科書，前看後忘，可能是電休克治療的副作用。很困難。不過我堅持著，如浴火的鳳凰，期待著重生。一九九〇年六月底我參加了考試，可能是受到老師關照，我通過了。

第九章

和我同學三年的同學們已經畢業了，我因爲休學一年，還有一年的實習要完成。我和下一屆的同學們一起進行了爲期一年的內科、外科、婦產科和兒科護理的實習。在同組同學的幫助下，我完成了實習。一九九一年夏天，我拿到了上海醫科大學頒發的那本紅色的畢業證書。畢業後我的成績不夠好，不能留在上海，通過父親的關係，我被分配到蕪湖我父親工作的醫院。

在我實習的那年，我們購物已經不需要憑票了（例如買肥皀不需要用肥皀票了）。但是中國那段時間，也經歷了一段高通貨膨脹的時期。剛入學的時候，我父親提供給我的生活費是每月五十元人民幣，到了我畢業前已經漲到一百元了（當時學生大多由家人提供生活費，不存在打工掙錢的機會）。

當離開上海去蕪湖工作的時候到來時，我父親到上海來接我。我們選擇了坐船（當時長江上有上海到上游的重慶經停蕪湖的客輪，到後來才停止運營）而非坐火車。坐船從上海到蕪湖要二十四小時左右。當輪船從黃浦江上的十六鋪碼頭駛離上海的時候，我站在船舷上看著外灘漸行漸遠。我在心中向上海告別，我不知道我還能不能再次回到上海這一令人激動的、充滿活力的大都市來工作和生活。

第十章

我回蕪湖後住在我父親的家裏。不久，我父親在醫院新建的主任樓（一棟六層的公寓樓）分到了一套三室一廳的房子。當時商品房市場在中國還不存在，職工的住房由他們工作的單位分配。結了婚的人才能分到房子，未婚的人只能住宿舍或父母家裏。住在這些房子裏的人，每月只要付很低的費用。我們很快搬進了新房子，新房子的衛生間有了坐式馬桶和淋浴。我們終於可以在家裏洗淋浴了。在此之前的冬天，我們只能去醫院的員工公共澡堂去洗淋浴。通常都很擁擠。一個淋浴頭下，有時會有三、四個一絲不掛的女人輪流沖洗身體。完全沒有隱私可言。我很高興不用再去公共澡堂洗澡了。

在醫院工作的第一年，我在腫瘤科做了一年的臨牀護士，見證了太多的痛苦、掙扎和死亡。

第十章

有個叫曉玲的年僅二十五、六歲的女病人，在我的記憶裏留下了深刻的印象。曉玲得的是一種惡性程度很高的肺癌。初次見到她的時候她剛確診，入院來做化療。那時她還很漂亮，愛打扮，有個兩歲的小女兒，丈夫也很體貼，總來陪護。化療出院後她又回來化療了幾次，情況每況愈下。

最後的那一次，她沒能活著走出病房。癌細胞吞噬著她的身體，化療的副作用帶給她難以言表的痛苦。臨終前她頭髮完全脫落，極度消瘦，一層薄薄的暗黃色皮膚包著骨頭，典型的惡液質，就是一具尚在呼吸的骷髏。愛美的她要求丈夫在火化時讓她戴上她心愛的首飾。聽說那時她的丈夫在外面已經有了別的女人，不過還是來陪護到最後。曉玲死後，她丈夫火化了她所有的衣服。讓她戴著假首飾，在焚化爐中化爲灰燼。

還有一個姓魏的三十多歲的男病人，被胃癌奪去生命，死前他的眼中充滿求生的慾望。還有好幾個病人，都在我在腫瘤科的那一年裏受盡痛苦死在病房裏。那些癌症晚期的病人疼痛難忍，在病房裏呻吟著，一遍遍地叫護士給打杜冷丁（Demerol，那是常用的止疼藥）止痛，但是那時不到時間（四到六小時左右）間隔，護士不能給藥。

那時病房裏的護士的主要工作就是打針發藥。雖然擁有本科學歷，剛畢業的我在護理操作技術如鋪牀打針上比不上其他護士。我那時還服用較高劑量的、有較強鎮靜作用的抗精神病藥物，每天早晨上班時都提不起精神。護士長和其他護士對我很關照。但是我非常不喜歡那種機械單調的護理工作，還擔心自己會給錯藥，也爲自己不能減輕病人的痛苦而感到無助和失望。

一年後，醫院因申辦三級甲等醫院開設心理門診，在我的爭取下，我成了心理門診的護士。這個心理門診只有一名剛調來的、原爲某縣級醫院兒科醫生的、並沒有受過醫學心理專門訓練的醫生，和我這個對心理學感興趣的護士。我主要負責用量表給就診者做心理測試。這是個閒差，比起臨牀護理來說清閒多了。沒病人時我就看書。這段時間我也慢慢停止服用我的抗精神病藥，精神越來越好了。

醫生做諮詢時，有時讓我在一旁觀察。有次來了一個焦慮的父親，爲有同性戀傾向的十九歲兒子做諮詢。醫生提議在他兒子手臂上纏上橡皮筋，每次他出現同性戀念頭，就拉橡皮筋彈射皮膚，產生的疼痛感會讓他減少同性戀念頭。這種治療方法其實沒有效果，現代西方主流醫學已經認爲同性戀不是病，與異性戀一樣只是一種性取向，不主張對其進行矯治。

第十章

還有一次醫生不在，我接待了一個十五六歲的女孩。她告訴我她在七歲時遭到一個老頭子的性侵害，現在與一個二十五、六歲的混混在一起，同時她知道這個混混還與其他女子有性關係。她還沒來月經，完全不知道怎樣保護自己。擔心她可能已經懷孕或染上了性病，我建議她去看婦科醫生。後來沒再見過她，不知她情況怎樣。

我當時有一份穩定又清閒的受人羨慕的工作，按說我應該滿足。可是我卻覺得我的生活如一潭死水，不願意就這樣過一輩子。當時聽說有人下海（指離職經商），去南方，去深圳，我充滿嚮往。此外在家裏我也不快樂，要看繼母的白眼。我期待著離開，去南方，或者去上海，去有生機、有活力的地方。

正期待著遠走高飛卻苦於無門，醫院宣佈將在一九九三年初辦個爲期一年的全脫產英語強化培訓班，而且將請英國海外自願服務組織（Voluntary Service Overseas）派來的外教執教。

聞聽這天大的喜訊，我本能地感到這正是我期盼已久的千載難逢的機會，我一定要抓住它，不能讓它擦肩而過。我於是敲響住我家樓上的院長家的門，向院長請求。後來院方的方案出臺了，以科室爲單位，每個科室可以選派一位醫生或護士。我所在的心理諮詢科也可以選派人，我提出申請，醫生順水推舟，我如願以償。

第一天上課，迎來了來自英國的年輕老師。他自我介紹叫加里斯（Gareth），來自曼徹斯特（Manchester）。他二十四歲，竟然只比我大五天。加里斯個子中等偏高，長得不算十足的英俊，卻很清爽。不經意中透著種與生俱來的紳士風度。笑起來很眞誠，很爽朗。說一口好聽的、乾脆的英式英語。那天他穿著件墨綠色的毛料西裝，打著領帶，顯得很正式。儘管那天沒下雨，他卻按英國人的習慣帶了把長柄雨傘。

他完全用英語授課。第一件事是爲每個人起英文名。加里斯在黑板上寫下一個個英文名字，讓我們這二十幾個學生輪流挑選。有男生選霍華德（Howard），道森（Dawson），斯蒂文（Stephen）等，女生選露西（Lucy），葛雷斯（Grace），海倫（Helen）等。輪到我時，我說我已經有英文名了，是Shirley，在大學裏自費上英語口語課時老師給起的。

取完名，老師讓我們排隊做傳接球的遊戲。以後我們常在做遊戲中學習英語口語。老師的教課方法，與我們以前在英語課上所經歷的完全不一樣，並不注重講解語法。他給我們很多機會去說，如果我們說錯了，他從不批評，只是把正確的說法平靜地重複一遍。我們這二十幾個學生的基礎差異很大，我在班上基礎可能是最好的。儘管如此，多年中國式英語教學教的是啞巴英語，我剛開始的時候也只能說些「How are you?」之類的簡單會話。但是我很大膽，總是積極舉手搶著發言，說錯了也不怕。

加里斯在教英語的同時，向我們傳播了英國的歷史文化知識。我們知道了倫敦的地鐵叫「tube」而不是「subway」，英國的快餐是「fish and chips」，什麼是倫敦的「cockney accent」（倫敦市中心某些市民的一種難懂的口音），他還給我們介紹了倫敦的一些著名的地標，例如皮卡迪利圓環（Piccadilly Circus）、特拉法加廣場（Trafalgar Square），還有一些經典的笑話，和倫敦西區和東區的區別等等。

還有，作爲曼徹斯特人，加里斯少不了把英國足球聯賽介紹給我們。那時英超聯賽（Premier League）剛剛誕生不久，後來的弗爵爺（Sir Alex Ferguson）開始帶領曼徹斯特聯隊（Manchester United）重返輝煌，成就二十餘年霸業。他在班上辦起了模擬足球博彩。讓我們在週一猜聯賽各隊的戰績，週五公佈結果。猜的最準的人得Jack Pot，中大獎，獎品爲英國郵票、硬幣等。因爲他，我們班大多數人都成了曼聯隊的球迷，我也是其中之一。從加里斯身上，我第一次領略了眞正的英式幽默，那種自嘲式的暗幽默，有時要轉個彎才能領會。

加里斯每天上午爲我們上三小時口語課。晚上是屬於他自己的時間，但是他經常邀請我們幾個想進一步練口語的學生，到他住的一居室寓所來聊天。在放鬆隨意的氣氛中，他把英國的啤酒文化介紹給我們（我知道了啤酒原來有lager和bitter之分）。還有音樂，披頭士（The Beatles），英國人永遠的驕傲。加里斯還喜歡西蒙和加芬克爾（Simon & Garfunkel）的音樂，這也成了我最愛的音樂之一。他姐姐來訪時，帶來了那年曼聯隊奪冠的射門集錦，我第一次看到十九歲的新星吉格斯（Ryan Giggs）滿場飛奔，如行雲流水，深度球盲的我一下子喜歡上了他，成了他的忠實粉絲（fans）。後來我給我的長子起名Ryan，就是從他的名。

我那時學得非常用心。下午中國老師上課還是老一套，我不愛聽，便逃課在家自學。我閱讀各種我能找到的閱讀材料，朗讀，聽美國之音，寫作（加里斯爲我修改）。我是如此投入，以至於有段時間我聽到周圍人說話，都覺得他們在說英語。晚間做夢甚至也說英語。

我還去在蕪湖的安徽師範大學的英語角練習口語，與那裏的幾個美國傳教士外教成了朋友。還認識了一位來短暫留學學漢語的、信奉巴哈伊信仰（Baha'i Faith）的伊朗美國人凱凡，通過凱凡，我又結識了在合肥任教的伊朗裔英國姑娘娜孜，拜訪娜孜時，我便住在她的專家樓寓所，對門是對英國夫婦，樓下是個英俊的德國小夥。我與他們都有交流。我近距離地接觸了來自西方的這些外國人，對我學習英語和如何與西方人平等交往起了莫大幫助。

通過凱凡，我也有了我的信仰。阿婆大概是信佛的，就像她那個時代大多數的普通家庭婦女一樣。她曾給我講過菩薩，尤其是觀音菩薩。還給我講過閻王和地獄的故事。我那時似懂非懂。

上學了，學校裏灌輸的是無神論和唯物主義。我第一次接觸到上帝這個概念是從外國電影裏。

我從小愛看電影。記不得什麼時候開始能看到外國電影，我是力爭每部都看，那時一年也就那麼幾部這樣的電影。電影大多是黑白的。當我看到了有著尖頂和高高穹隆的教堂，聽到管風琴演奏的聖樂，心中一種崇敬之情不禁油然而生。我看到了十字架和十字架上受難的基督，還有慈愛的聖母。雖然這些在電影裏都不過以背景形式出現。當簡愛（Jane Eyre）說：「我們是平等的，在上帝面前。」我深受感動，感到了上帝的力量。

在這一年學英語期間，我跟安徽師範大學的、信基督教的美國外教老師開始讀聖經。讓我不能接受的，是他們宣揚的只有通過基督才能得到救贖的思想，如果不信基督，將來就要下地獄。如果基督和上帝那麼充滿愛，爲什麼上帝會讓那麼多不信基督教卻善良的像我阿婆那樣的人下地域？我猶豫著。

那年夏天，同樣是在那個英語角，通過凱凡，我接觸到一八六〇年代起源於伊朗的、全球最年輕的宗教巴哈伊信仰（**Baha'i Faith**）。

巴哈伊信仰認爲宗教同源（即各種宗教都源於同一個上帝），人類一家，致力於促進人類多元化的統一（**unity in diversity**）。上帝在不同的時代，向處於不同地域、有著不同文化背景的人群派遣了一系列使者，給人們傳達上帝的教導。摩西給猶太人帶來了律法，基督給人類帶來了愛，巴哈歐拉（**Baha'u'llah**，巴哈伊信仰的創始人）給當今走向全球化的人類帶來了統一，消除各種隔閡，尤其是各種宗教間的隔閡。

信仰宗教的人很容易變得狂熱，對其他宗教產生偏見。巴哈伊聖者（創始人巴哈歐拉之子）阿博都—巴哈（Abdu'l-Baha）說過上帝是光，信徒們精心做了個燈罩並加以膜拜，久之，人們就只見燈罩而不見那原來的光了（這裏是中文大意。英文爲：「Some souls were lovers of the name Abraham，loving the lantern instead of the light，and when they saw this same light shining from another lantern，they were so attached to the former lantern that they did not recognize its later appearance and illumination）。

我深深地被巴哈伊信仰吸引，在心中成爲了一位巴哈伊。然而正如巴哈伊信仰所教導，我要保持一顆獨立探尋眞理的心。

一年下來，我能夠在英語角吸引一群人圍著我，聽我滔滔不絕地說英語。此外，我也啃下了安徽省衛生廳發的護士海外勞務輸出考試綱要（很厚的一本書，是翻印的美國註冊護士考試NCLEX的複習大綱），掌握了很多晦澀的醫學專業英語詞彙。這一年是我一生中度過的最快樂、最充實的一年，而且改變了我的一生。我掌握了英語這個國際化溝通工具，從此爲我打開了通往世界之門。可以和來自世界各地的人交流，這是一種莫大的自由。我像一隻掌握了飛行技能的雛鳥振翅欲飛。

醫院換了位新院長，決定停掉英語強化班，沒有給加里斯老師續約。而我的英語學得好在醫院裏出名了。醫院裏有位研究不育症的醫生，請我幫他在和與他合作的澳大利亞（Australia）醫生溝通的時候做翻譯。有一天，他和另外一位醫生帶上我一起去南京，參加由一家荷蘭（The Netherlands）的製藥公司主辦的會議。這家製藥公司在南京有一家合資工廠。我幫這兩位醫生和該製藥廠的高級管理人員談話時做了口譯。這是我第一次知道外資製藥公司。我突然想到我可以給這些公司工作。我問了在場的他們上海辦公室的一位中國經理，我是否有可能在這類公司找份工作，該經理說應該不難，並給了我他的名片。在一九九〇年代初期，中國開始吸引了很多外資，世界排名前列的大製藥公司，大多在中國開設了辦公室和合資企業。

一個月以後的二月份，我因故去了一趟上海。期間我給我在南京遇到的那位荷蘭製藥公司上海辦公室的中國經理打了電話，他邀我去他辦公室。在那裏我遇見了一位年輕的荷蘭人經理。該經理面試了我，並請我去南京總部做進一步的面試。

我在南京的面試很順利，該公司給了我一份在他們上海辦公室做銷售代表的工作，工資是我在醫院拿的工資的四倍。我非常高興。根據協議，我需要從醫院辭職。我在醫院的工作是份穩定的工作，我幾乎可以一直工作到退休而不用擔心失業。這種工作是

「鐵飯碗」。然而去上海的工作充滿了未知，沒有穩定性可言，我可以隨時被解僱。開放的勞務市場才剛在當時的中國出現，滿是不確定性。可是能夠去上海工作的機會，對我有著莫大的吸引力。雖然蕪湖是一座宜居的城市，她不能與上海這座中國最令人興奮的城市相比。我不想在蕪湖的醫院裏，按部就班地在職業生涯裏一級級地往上攀爬，我想到上海去冒險。我父親太瞭解我了，完全支持我。他幫我支付了我上英語強化班時簽的協議裏規定的、學習完在醫院工作不滿五年的五千元罰金。我那時在醫院裏的工資加獎金大約是每月兩百五十元。我沒有能力靠自己支付這筆罰金。剛巧我父親拿到了八千多元的上海市政府因爲過去沒收了我祖父的私人房產而給的補償金（由我父親，伯父和姑母三子女繼承）。父親沒有告訴繼母他有這筆錢，他謊稱是找他的好朋友借的錢。我成功地在醫院辦理了辭職手續。我當時是從醫院裏辭職的第一位員工（以前有人辦理過停薪留職，但是沒有人主動要求正式辭職）。

我終於可以自由地去上海開始做一份全新的工作，去開啓新的生活了。

第十一章

一九九四年四月，我從醫院辭職後去了我就職的新公司在南京的總部，辦理了入職手續並做了培訓後，就把行李託運然後乘火車去上海。到了上海拿到行李後，我叫了輛出租車去我的大學母校。我讓車停在了我同學慧住的研究生宿舍樓（她當時在讀碩士研究生的最後一年），我多付了點錢，請司機幫我把行李搬到了五樓慧的宿舍門前。我掏出我二月來上海時，慧給我的她的宿舍的鑰匙打開房門，安頓下來。慧當時不在學校住，她的宿舍有另一位在讀研究生和慧的空牀，學校對研究生宿舍管理也不嚴，也分辨不出我和別的研究生看起來有啥不同，我得以鑽空子免費住了下來。

這家荷蘭醫藥公司的上海辦事處，當時位於延安東路外灘的一幢高級商務樓裏。我的工作是銷售。我是他們招的第一個醫藥代表。爲了方便我拜訪醫生，經理批准給我買

第十一章

了輛女式自行車。我那時剛學會騎車沒幾年，車技很差。車是在黃埔區一家車行買的，我要把它騎回我住的學校。我萬分緊張地在車河裏往學校方向騎車，摔倒了好幾次，花了一個多小時時間，終於平安到達。

我的工作是拜訪計劃生育藥具站的工作人員，和醫院的婦產科及泌尿科或男科醫生，向他們介紹產品。我公司當時在中國銷售的產品主要爲避孕藥、宮內節育器、抗絕經後婦女骨質疏鬆藥和雄激素補充藥。那時的醫生還比較純粹，不是很貪，我們也不給什麼貴重禮物。有份公司出的精美婦產科學英文雜誌，有著該領域最新進展的文章和漂亮的圖片（精子和卵子竟然能拍得這樣美麗），很受客戶歡迎。我也愛看這些雜誌，學到很多關於輔助生育的知識。每次參加培訓我都非常投入，我的產品知識因而很過硬，能與醫生有效交流。

我還對市場營銷（marketing）有著天生的敏感。當時口服避孕藥在中國銷量很低，女人們擔心副作用而不敢服用。而我公司的產品雌激素含量低，所含孕激素雄激素效應低，避免了普通避孕藥的弱點。服用後還可以減少青春痘。長期服用避孕藥，還有降低患卵巢癌風險的不爲人知的好處。當時年輕女性婚前發生性行爲的已經不在少數。

第十一章

我認爲該產品應該重點針對年輕女性，強調自己做主的精神，主動保護自己。避孕不能依賴男人。我還與上海廣播電臺的悄悄話節目合作做避孕方面的教育。因爲這份工作，我還第一次坐了飛機，一開始我有點害怕，不過飛機安全著陸。我喜歡我的新工作。下面談談我的個人生活。

當時我的一個蕪湖老鄉，也在上海醫科大學的藥學院上研究生。通過這位老鄉，我認識了我的第一位同居男友，過了五年同居生活。老鄉與他是蕪湖的另一所重點中學的高中同學。他畢業於上海的一家當時屬於二流的醫學院。他畢業後被分配回蕪湖，爲了追同班的上海籍初戀女友，脫離了單位在上海灘漂盪。他當時寄居於他在我母校做化學老師的另一位他的高中同學的宿舍裏。這位高中同學結了婚，住在校外的家裏，他就佔著同學宿舍裏的尚未退掉的牀鋪。聽說那段很深的感情沒有善終，這對刻骨相愛的戀人，生生地被姑娘的父母給拆散了。他就在上海漂著，沒回蕪湖，也不知他怎樣謀生。他經歷了一段很消沉的時光。

第一次見到他是給他扎針抽血。我的藥學院老鄉在做研究課題，請做過護士的我給志願者抽血。他就是志願者之一。他個子不高，人瘦瘦的，長得還是不錯的，挺清爽，在某些女孩眼裏應該可以算得上英俊，還有種讓人憐惜的憂鬱氣質。研究歷時兩三天，要在服藥前、服藥後的幾個不同時點抽血做分析。作爲報酬，老鄉用研究經費請我們吃飯，解決了他幾天的吃飯問題，好像還有每天十幾元的補償。我在他的手臂上扎了好多針。

第二次見他是老鄉請我們吃兔子肉。我們去老鄉實驗室宰殺了做實驗用的兩隻大白兔，用的是醫學生的宰殺手段，用注射器往兔子的耳緣靜脈打空氣針。兔子掙扎了幾下便斷了氣。我們剝了兔子皮，清理了內臟，把兔子肉剁成塊，然後在煤氣燈上紅燒。我們一幫十來個人，吃得很開心。那天我注意到了他的憂鬱神情。

後來他常來我宿舍找我，聽我講工作上的事情，他聽得挺入神。我只當他是個朋友，絲毫沒有戒備。而且我說起來滔滔不絕，在我不愛的男人面前我一貫如此，我以爲我的高談闊論可以讓人望而卻步，好像以前奏過效。沒想到這次不靈了。他被我積極的態度吸引，來得越來越頻繁。那時已到夏日，我不會游泳，他提出教我游泳。在學校的泳池裏他手把手教沒有體育細胞的我游泳。我爲掩飾自己的笨拙大笑。我們的肌膚自然地有了接觸，在某一瞬間，我覺察出他看我的眼光中有了某種異樣。

第十一章

那年正好有世界盃足球比賽，他是個足球迷。學校已經放暑假了，宿舍裏只剩下我。一天晚上，他又不請自來，提著一臺十幾寸的黑白電視機，請我看世界盃足球賽。我穿著睡衣。那晚他沒有離開，就此闖入了我的生活。第二天早晨，他跟我說他對我是認眞的了。

我心裏絲毫沒有爲此感到高興，反而爲被他自說自話地鎖定而感到不自在。我是個獨立的女性，不需要他僅僅因爲做了男女之間親密的事而對我負責，我——不——愛——他。然而我們當時都正年輕，都獨自在上海闖蕩，也需要彼此的幫助。

暑假快結束了，新學期我不能再在我同學的宿舍住了，因爲她畢業了。我得找別的住處。在上海的親戚家是不能去的，他們的住房也不寬敞。父親也不願去求他們。在藥學院蕪湖老鄉女朋友的宿舍住了幾天後，我去了復興中路上的一個租房中介市場。

這個市場是非正式的，由黃牛把持（上海人稱中介/掮客或票販子爲黃牛）。一天下午我騎車去了那裏，只見那裏沿街站著或坐著十幾個男女黃牛，拿著寫滿房源信息的記事本招攬客人。有一個男黃牛招呼我，我不敢相信他，走開了。看到一個女黃牛，我停下向她打聽。她說她有兩處房源適合我，她馬上就騎車帶我去看。她把我帶到吳中路凱旋路附近的一個多層小區。出租房是一個三口之家的一間多餘的房間。房主人原是當地農民，拆遷分的這房子，有三間房和一個不大的飯廳。爲了多得些收入，房東決定把那間多餘的房間出租。房間裝修得不錯，嶄新的木地板，很乾淨。房租每月七百元，是我月收入的一半。當時不知爲什麼原因我沒去看另一處房子，就定下了那間房。

男友幫我把東西搬過來，就沒走。雖然我仍然不愛他，但是我們這兩個在大上海漂泊的男女青年，因互相需要走到了一起。這種需要是生理的，兩個二十六歲的身體裏充滿荷爾蒙的青年男女；也是現實的，我們可以並需要互相照應。

住下來才發現借住在人家裏實在是不方便。我們和男女主人和他們十幾歲的兒子合用廚房和衛生間。晚上主人經常邀人來打麻將到通宵。我聽著門外嘈雜的打麻將聲音，休息不好。住了約半年我覺得實在住不下去了。這時男友的在醫科大學化學系做老師的高中同學，有朋友在華東師大的教師宿舍有張空牀，男友就帶我收拾起東西搬過去了。

我們在那裏住了一段時間和看門的阿姨混熟了。她和老伴住在宿舍的門房看門，兒子和媳婦帶著三、四歲的小孫子住校外大渡河路附近的工房，她和老頭的那間房空著。聽說我們花七百元租一間房的事，阿姨說願意把她兒子家她和老伴的那間空房租給我們，月租五百元。住學校宿舍終究不是辦法，那時上海人住房緊張，有房出租的人家不多，我們去看了房就答應了。那是間很小的房間，估計在九平米左右。

這幾次搬家期間，男友曾經加入我工作的荷蘭公司做銷售代表。我們在每週五下午曾一同騎車一個多小時，到已經搬到南外灘董家渡附近的公司開會。因爲在大太陽下長時間騎車，那年夏天我曬得墨墨黑，像個非洲土著。雙臂還得了日光性皮炎，一見陽光就發癢，起疹子。

不久，男友託人把我介紹給一家正在招人的外資企業，他們用工是要通過對外服務公司的，屬於一家挺高級的公司。公司辦公室在虹橋的一幢高級寫字樓。他們招兩名醫藥代表，推廣癌症三階梯止痛，即將上市緩釋嗎啡。雖然熟人打了招呼，經理招人標準還是很高的，我通過了嚴格的面試，被錄取了。基本工資翻番，達到每月三千多元，開始銷售後還根據業績有獎金（獎金高的時候，能與基本工資相當）。這在當時是很好的收入，那時在醫院裏工作的醫生護士，每月只拿幾百元工資。有不少醫生護士跳槽做醫藥代表。

在這家公司，我還是做醫藥銷售代表工作。剛開始，我騎自行車負責跑西邊半個上海的醫院，加上東北部的楊浦區（離我住處非常遠，我騎車又慢，路上單程就要花近兩小時），覆蓋著很大的銷售區域（後來公司又招了幾名醫藥代表後，我的區域纔有所收縮）。記得有次晚上回家，我在長寧路一帶迷了路。夜上海，我獨自騎著自行車，在昏黃的街燈照耀下，我對自己說，向西，向西，就能找到回家的路。還有一次我騎車摔倒在地，兩輛公共汽車從我兩旁駛過。很危險。

住在看門阿姨家，阿姨的兒子媳婦也喜歡邀人上門打麻將，打到深夜，很吵。有次我一連幾夜未休息好，隨後去北京出差很勞累。在培訓時我很投入，消耗了很多精力，晚上開始失眠。接著又直接坐火車去安徽蚌埠出差。在車上我的精神疾病發病了。我對鄰座的乘客說著胡話，「我的工作是賣藥的，腸蟲清，兩片兒，你們知道不？」（這是一個當時經常在電視上播放的廣告詞）。我不知道是不是到站了，每次停車我都有要下車的衝動。我一遍遍地問列車員。最後在列車員的幫助下，我在蚌埠火車站下了車，沒有下錯站。一下車，我感覺失去了方向感，分不清東南西北。還好車站那時有出租車，我支撐著打出租車去了蚌埠的南山賓館（就記得同事曾對我說那是蚌埠最好的賓館）。

到了前臺，我稀裏糊塗地辦了入住手續。到了房間我就崩潰了。我出於自我保護的

第十一章

本能向服務員說我病了，需要看賓館的醫生（那時的賓館是配有醫務人員的）。我失去對時間和空間的感知。就在房間裏等待。也不知等了多長時間，來了個女醫生，我向她哭訴我病了，又說我怕不能完成出差見疼痛管理專家李教授的任務。她好像也沒什麼藥可以幫我，就讓我休息。我極度恐懼，哪裏也不敢去。

我用我僅剩的一點理智，一遍遍地撥打電話找男友來接我。我老是撥錯號碼，被別人告知「你打錯了」。一遍遍出錯後，終於找到房東，給男友留了言讓他打電話給我。不知等了多久，終於等來了男友的電話。知道我病了和在哪裏，他當即去了上海火車站，買了最早的火車票坐火車趕到蚌埠。在等待他的時候，我就躺在賓館的牀上，服用了好幾粒我隨身帶的安定，也睡不著。我也不知道餓，也沒有吃東西。渴了，我就去衛生間接自來水喝。

男友趕到後，帶我去吃飯，我看到飯廳裏的人，覺得他們都在說我，責罵我。這是幻聽。回到房間，有酒店的人在我房間修電視，我對男友說他在安裝竊聽器監聽我們。男友說不是的，但我不信。這是妄想。

男友買了臥鋪火車票把我帶回了上海，我的病情不見好轉，父親得知後，讓男友送我回蕪湖的家，他又送我回蕪湖。在從上海到蕪湖的火車上，我不停地看手錶，卻搞不清楚時間。從上海到蕪湖的八個多小時火車旅程顯得那麼地漫長，像是永遠也到不了目的地。

第十二章

終於到了蕪湖我父親的家後，父親給我吃我原來吃的抗精神病藥。我的情況一天天好轉，很快我又回到了上海。期間男友幫我向公司請了假。在他的幫住下，我保住了這份工作。而他，在我原先服務的荷蘭公司工作不久便丟了飯碗，又無業了。

這樣到九五年秋，我在一次宴請上海某大醫院醫生和藥劑科主任時，談到我租房的艱辛，藥劑科主任就說他有位同事，在上海市中心有間亭子間空關著，願意把我介紹給他。我在淮海路長樂路之間的陝西南路該藥劑師夫婦的家中見到他們，他們人非常好，願意把他們在馬路對面弄堂裏的那間亭子間租給我住。

他們帶我去看房，在一排兩層樓建於一九三〇年代左右的連排別墅中間的一扇門裏進去，在黑暗中爬上木樓梯，在一樓和二樓之間就是那間朝北的亭子間。推門進去，是間矮矮的八平米大小的房間，木頭地板，放一張單人牀，三扇毛玻璃窗前是一張寫字檯。我喜歡極了！藥劑師說月租兩百五十元，他太太說：「二百五不好聽，就兩百元吧！」

我簡直不敢相信！我太幸運了！

我一分鐘都沒耽擱就搬家了。我搬到了上海最繁華、最浪漫的地段。從我住處沿著兩旁種滿法國梧桐的陝西南路步行幾分鐘就是淮海路（上海最浪漫繁華的商業街，好比法國巴黎的香榭麗榭大道）。往北是幽靜的長樂路，沿長樂路往東的茂名路口上，是從前董竹君創辦的錦江飯店。附近還有花園飯店。

雖然我住的是間矮小的、過去是傭人居住或放雜物的亭子間，我卻萬分滿足。從前的不少文藝青年就曾落腳亭子間，如當年的蕭紅等人。這間亭子間所在的弄堂，還是一排排整齊的連排別墅。這一進屋子以前應當是一戶人家居住的，不過當時除我以外已經蝸居著三戶人家。

樓上是一家人，有一個帶浴缸的衛生間。樓下住了兩家。住前邊朝南的那間大房子的是戶三代同堂的人家。朝北的那間較小的房間，住著一對中年夫婦和他們的九歲的女兒。我進去過他們家，十二平米的空間裏，整齊而恰到好處地安排著一張雙人牀，沙發牀，衣櫃，一套高級音響設備（男主人是發燒友），還有一架鋼琴。我驚歎於那時的上海人螺螄殼裏做道場的本事！我們這三家共用朝北天井裏的廁所。竈間也是共用的。我在角落裏有個煤氣竈臺，做飯做菜，常受到鄰居指點，廚藝大增。

剛搬過去不久，我在新民晚報的中縫看到一則招聘消息，引起了我的注意。這是家外資市場調研公司，欲招一名有醫藥背景的市場研究員。我覺得這是個脫離銷售的絕好機會。做了近兩年醫藥銷售代表，在銷售上我感到我能學到的東西已經不多了。我想做市場營銷，而市場調研我從字面上就覺得，應該是步入市場營銷領域的墊腳石，是基礎。我於是應聘。經過面試，被錄取。儘管三千元的月薪，不到我做醫藥銷售代表時包括獎金的收入的一半，我還是毫不猶豫地接受了這份工作。

公司辦公地點在淮海路茂名路口的上海第二百貨公司的裙房。從我住的亭子間步行不到十分鐘。我不必騎自行車滿上海奔波跑銷售了，成了一名坐辦公室的小白領。中午休息時，我常徜徉於樓下的百貨商店。在一旁的茂名路上有許多店鋪，出售時尚的外貿服裝。我常到那裏淘寶。

我主要做醫藥方面的市場研究。我的直接上司是位叫凱蘿的幽默開朗好脾氣的北愛爾蘭人。她常駐香港，經常到上海帶我做項目。凱蘿和我相處非常融洽，後來成了好朋友，至今保持聯繫。我是個天生的市場研究者，看了一次演示，就基本掌握了深度訪問和主持小組座談會。近一年下來我做了大大小小十幾個項目，熟練掌握深度訪問，小組座談會主持等技能。我學會了從寫提案，到設計問卷，實地調研，分析，撰寫報告和向客戶做演示彙報的一整套市場調研流程。我的大部分寫作是用英文。此外，我剛到公司時不會用電腦，甚至不會用複印機。我一邊摸索一邊向同事請教。我常常忘記存盤，一旦電腦死機，就會丟失剛辛辛苦苦寫的東西，然後不得不重寫（當時微軟文檔的自動保存功能不如現在的好）。我必須比別人更努力。晚上工作到八、九點鐘甚至更晚是家常便飯。

那一年，我還從福州路上的外文書店，買回了我所能買到的GMAT考試學習資料。一本本地啃。我還參加了一個補習班，帶回來一大摞GMAT真題，在我的亭子間裏一遍遍練習。我在為報考滬上第一家中外合作的商學院攻讀MBA（工商管理碩士）做準備。我在一九九五年下半年時，在新民晚報上看到他們的招生廣告。當時本能地就覺得，這書我要讀！儘管我那時對MBA一無所知。

同時，在我搬到亭子間伊始，男友就又跟了過來。我心裏不願意，卻無法擺脫他，尤其是念及我生病時他跑到蚌埠來救了我。他不願回到醫學院的教師宿舍，儘管那張牀還在。其間他曾向我提出結婚，我沒答應。我還是無法愛上他，我們的價值觀相差巨大。從小受父親的影響我比較誠信，有諾必踐。而他則教我「搗漿糊」（那時流行的上海話，和稀泥之意），說話也常常不算數。與他在一起我很扭曲。我原本就沒爲他打開的心和他的距離越來越遠。

夏天的亭子間很熱，他整夜吹著電扇。持續吹到我身上的非自然風，常讓我感到不適。我在學習備考時，他就在我窄小的亭子間裏翹著腿看那臺黑白電視。我們常常吵架。有一天晚上我觸怒了他，他甩手離去，從外面把門重重地關上。我期望著他就此不再回到我的空間。然而在外面遊蕩良久的他在凌晨再次返回。我曾經對他說我是一棵大樹，註定要向更高的空間生長去獲得更多的陽光。我的根系也需要更多的營養。我不是棵小小的蘋果樹，我請他放了我去找他的蘋果樹。但他卻像藤，將我牢牢纏住。

那段時間他代理一家武漢藥廠的一種藥，開始有點起色，漸漸還回了從我這裏拿去的本錢。從九四年到上海，短短三年間我積攢了近八萬元人民幣（到二〇〇〇年我繼母去逝時，她和我父親結婚近三十年間的積蓄只有六萬多元）。

一九九七年上半年，我參加了上海第一家商學院中歐國際工商學院的入學考試，通過筆試後入選參加面試，又通過面試，收到了錄取通知書。學制十八個月，全脫產。學費四萬元，還要準備這一年半的生活費，期間不能工作，沒有收入。這將用去我的大部分積蓄。這點錢也做不了別的大事，但讀這書，正好夠了。錢對我來說並不重要，重要的是學到東西。

那時的中國讀MBA還沒有熱起來，大多數人根本沒聽說過什麼是MBA。但是我義無反顧地上了這所學校。這是竟然是我一生中做的最好投資（後來MBA大熱，我讀的中歐國際工商學院成了中國最好的商學院，並在全球排名進入前列。二〇二〇年中歐MBA班的學費爲四十三萬多元，二十多年學費漲了十倍以上）。

美國投資大師巴菲特（Warren Buffett）說過：「投資你自己是你能做的最好的事情，任何能提高你自己的才能的事。Investing in yourself is the best thing you can do. Anything that improves your own talents。」我堅信這一點。

第十二章

一九九七年五月，我辭去了在市場調研公司的職位，開始了在中歐國際工商學院的學習，就讀全脫產的MBA課程。這是上海的第一家（在全中國當時也是頭幾家吧）中外合作的商學院，由交大和歐盟合作，從全球領先的商學院或大學聘請教授，除個別課程如中國經濟（由中國著名經濟學家吳敬璉教授講授），其它課程全部英語授課。商學院在浦東的校園尚在建造中，我們這屆是第三屆，我們和上兩屆學員都在交大的閔行校區，借用包玉剛圖書館的六樓的兩間教室和校園的演講廳上課。

我們這屆有兩個班，每班六十人。同學來自各行各業，還有兩位分別來自德國和印尼的留學生。教學採取模塊式，每個模塊歷時六週，上四門課，模塊之間有一週休息。全程十八個月，包括一個爲期三個月的個人實習和六周的小組實習。

商學院的授課方式，完全不同於我從前在中國十幾年求學過程中經歷的老師的一言堂，講究學生課堂參與，還經常分成各種小組進行討論，然後再總結。教學還結合案例。我第一次需要積極思考而不是被動地接受知識。現在畢業已經二十多年年了，當時學的課程具體內容基本已經忘記。只記得一些最基本的管理學理念。記得在管理導論第一課上，來自英國的古德爾教授教給我們管理者通過他人完成任務的理念（「Managers achieve tasks through others」）。那堂課上還講了假設，我們的判斷都基於我們的假設，我們要審視自己的假設。

有個荷蘭人教授講授公司與其環境，他的英語帶著點口音，把company發音發成「槓伯寧」像極了上海話中的「江北人」。其上課風格也很搞笑，常常逗得大家發笑。他總是講公司要殺死自己，技術不斷發展，如果公司仍然沉迷於自己舊的業務模式，自己不把自己殺死重生，就會被別人殺死，被淘汰。我還喜歡組織行爲學老師教的決策陷阱，還有商業倫理，商業談判課。當然我還很喜歡與自己關注的專業行銷管理和市場調研課。財務方面的課我沒有靈氣，學得吃力。

我們當時住在學校統一租的、離交大不遠的一幢六層新居民樓裏。四人合住一套兩居室房，兩人一間房。我的室友來自西安，我們非常要好，無話不談。在學習接近尾聲時，我們還接待了來自美國和西班牙著名商學院的交換學生（我們的一些優秀同學，也去國外的著名商學院做交換學生）。我和來自加州一著名商學院的Jackie成了好朋友。Jackie是美籍華裔，很聰明，說話語速很快，整個房間都充滿著她爽朗的聲音和笑聲。我們同學也常跳舞狂歡，尤其是每次緊張的模塊結束後。我們在迪斯科（Disco）的強勁音樂中瘋狂地蹦跳，釋放著我們的青春活力。

我的個人實習項目是在3M公司的上海公司做的，小組實習在美國的一家著名藥企的上海總部做的。畢業時這兩家公司都錄用了我。我選擇了那家製藥公司。月薪一萬兩千五百元，在一九九八年這屬於高薪。一九九四年我從醫院辭職時的月薪才兩百多元。不久，通過人才引進（上海市政府那時有人才引進的政策，我們MBA屬於上海急需的人才），我們商學院留在上海工作持外地戶口的同學，都獲得了上海戶口。我又成了上海人。我即將在上海開始我作爲中層職業經理人的職業生涯。

第十三章

商學院畢業前，我因小組實習項目，得到一家美國大製藥公司上海總部的面試機會，見了五、六位該公司的高管（多數是外國人。當時那家公司請了知名管理諮詢公司做了研究，研究結論認爲中國是一個有著巨大潛力的重要市場。公司往位於上海的中國公司總部派了很多外籍高層管理人員），順利地被錄用，成爲了市場部的一名新產品規劃經理，開始了我的職場「白骨精」生涯。

我的老闆是紐西蘭人，說的英語帶著澳洲、紐西蘭一帶口音。他三十五、六歲，長了張娃娃臉。中國同事給他起了個「寶童」的名字。他當時的頭銜是新產品規劃和市場研究總監，不過以前好像沒有做過這方面工作。他對我們挺放手，常常向我們講一些主意（ideas），對我們的具體工作沒有什麼指導。老闆很顧家，有個可愛的女兒和剛出生的兒子。他一般不參加晚上的應酬，總是按時下班。我們聚餐他一般定在中午，如果是晚上，他推託不過，就儘量讓老闆娘也列席。我第一次發現老外（外國人）其實非常愛家人。我部門還有其他兩位經理，其中一位是我商學院隔壁班同學。我的工作主要是爲我負責的幾個未在中國上市的新產品打通上市之路。

第一年我在該公司挺順利，與老闆溝通很好，關係融洽，雖然公司的其他同事對我們這些MBA們有些妒忌，暗中對我們不待見。我們定期召開「茶壺」會議，公司當時的一種旨在促進新產品上市的跨部門工作會議，主要由註冊部、醫學部和我們部門派代表定期召開。當時中國的針對外國製藥公司的進口藥藥政註冊程序非常長，國外上市的新藥要三、四年以後，才能在中國被批准上市。我們想了很多辦法試圖縮短這個時間。我還出差到北京廣州等大城市，見我負責的骨質疏鬆領域的專家，向他們介紹產品並諮詢產品策略。還陪專家們去日本、美國等地開學術會議。此外公司還有很多培訓，我特別喜歡這些培訓，總是積極參與。

老闆還給我派了別的任務，讓我兼任市場調研經理，有兩個同事向我彙報。我比較放手讓下屬去開展工作，儘管缺乏經驗的下屬做出的工作，常常與我的期望有差距。我儘量避免想手把手教人的衝動。我不喜歡被微觀管理（Micromanage），所以也不想這樣對待下屬。

公司開始推廣績效管理系統，公司高層很重視，將在全公司開展培訓。先從各關鍵部門選一些骨幹，受美國總部的培訓師培訓，然後由這些經過培訓的骨幹來培訓其他人。我被老闆推選爲骨幹接受培訓。我拿到了證書，可以給公司的其他人培訓這套績效管理系統。我的職業生涯蒸蒸日上。

然而那時（我在這家公司工作一年後），我的個人生活卻突然陷入低谷。一九九九年秋從美國出差回來，我發現自己懷孕了。我很糾結。一方面，我非常想要個孩子，也三十一歲了，又是第一次懷孕。另一方面我仍然沒法愛上我同居了近五年的男友。我和他在一起沒有安全感（雖然那時他做藥品代理掙了些錢），價值觀有衝突，他也鎖不住我。我甚至感覺他並沒有像愛一個女人那樣愛過我。感覺他欣賞我多過愛我，我和他可能更適合做朋友。

我讀商學院時曾經和他分手，但他不甘被甩，追著我、纏著我，我無法擺脫他。畢業工作後，我在上海烏魯木齊中路近淮海路處的一座高層樓裏租了一居室。我和他約定

第十三章

給我一點空間，不天天住在我這裏。那年七月，他用我的名義付首付，在上海徐滙區買了房。我終於在上海有了自己的家了，卻高興不起來，覺得這房子像牢籠將我束縛住。

爲了孩子，我打算還是和他結婚算了。這時候他卻不常來我這裏了。打電話給他，他說他在外地，推託說他很忙，會照顧不到我和孩子，讓我把孩子打掉。在我眞正需要他爲了孩子負責時，他退縮了。我內心掙扎了許久，終於去了他做婦產科醫生的大學同學那裏做了人工流產（人流）手術。做檢查時，孩子的胎心跳動得很強勁，那位醫生自己有個疾病纏身的女兒，她說：「孩子很健康，你們確定要做掉麼?太可惜了！」我很矛盾，甚至想做單親母親，但是最終卻沒有那個勇氣。在那時的中國，做單身母親會很艱難。我選擇了無痛人流，沒感覺到拿掉孩子時身體上的痛（雖然術後還是有些疼痛），但是心理上卻承受了劇痛。

當我還在修養恢復時，一天晚上突然有個年輕女人打我電話，自稱是某某（我男友）的女朋友，讓我不要糾纏他。小姑娘很兇。我一下子懵掉了，反應不過來。幾天後又有一個女孩子打電話以自殺爲籌碼讓我放棄他。我雖然求之不得，卻爲了失去的孩子而傷心。我以淚洗面，頭痛失眠。我意識到我可能陷入了抑鬱，去上海精神衛生中心看醫生，醫生不瞭解我以前的病情（在中國我始終沒有確診），給我開了抗抑鬱藥。後來我才知道這個藥醫生給錯了，會引發我的躁狂（我其實是躁狂抑鬱雙相情感障礙Bipolar Disorder，不適合單用這種SSRI類抗抑鬱藥）。

這時在公司，我們正在開展績效管理的培訓，我是培訓師之一。公司組織在蘇州進行這方面培訓。我去了蘇州，在賓館住下，晚間睡不著，服了好幾粒我帶去的安定，沒有效果。第二天早上輪到我講我的部分時，我腦中一片空白。我哭訴我有精神病，我的病發作了。公司醫學部的一位前精神科醫生問了我一些問題。然後他們聯繫了我父親，父親說請他們把我送回家。公司派車把我送回了家。

到家後，父親給我服用我以前服用的藥物，病情很快得到控制，我這次沒有到精神病院住院。公司安排我病休三個月，讓我什麼也不要擔心。三個月後，我回到了上海，又到公司上班了，情況卻再也不一樣。我也終於與我那位在一起五年多的男友徹底分手。

我回到了公司後，恰好我所在的這家美國製藥公司，生產和營銷一種當時比較好的新一代抗精神病藥。該藥不能報銷，比較貴。我的紐西蘭籍老闆給我申請了免費藥。我

第十三章

服用了有一年，因體重增加明顯而自行停藥。

可能我仍在恢復期，我回公司工作的頭幾個月很不在狀態，人整天渾渾噩噩，注意力不能集中。工作效率下降。公司對我還是很照顧。我部門來了一位從其他部門轉來的同事，他的父親是公司很倚重的一位精神科領域的專家。

公司當時每三年換一次高管。很快我的紐西蘭老闆被調到香港，臨行前，他選送了那位新來的同事去美國工作六個月。如果我不遭受挫折不生病，我原本是很有把握拿到這個機會的。我們市場部換了位加拿大籍女總監叫諾瑪。

漸漸地我恢復了狀態。我每月一次與諾瑪開會彙報工作。我寫的市場計劃在亞太區十二個國家和地區的評比中名列前茅。

然而在這時，我父親到上海看我時飲酒得了急性胰腺炎，微創手術後發生急性壞死性胰腺炎和十二指腸高位腸瘻，情況十分兇險。我一邊工作，一邊在工作之餘去醫院照顧父親，讓請假從蕪湖趕來陪護父親的妹妹休息會。那是段非常艱難的經歷。父親經過十五個月才恢復進食，漸漸康復（這段經歷我會在以後的章節裏更詳細地講述）。

有一天，公司人事部高管找我談話，問我如果向中國經理彙報會有沒有問題，我回答說只要這位經理足夠成熟和大度，這應該不是個問題。我不知道她爲什麼問我這個問題。

不久，謎底揭曉，那位去美國工作六個月的同事回國，公司把他升爲高級經理並讓我向他彙報。這是很怪的一種結構，我部門總監職位空缺，一位經理向高級經理彙報。市場部總監諾瑪找我談話時對我說如果有什麼問題，我可以隨時找她，她的門對我敞開。我居然相信了。後來我還同意讓我的下屬向新老闆彙報。但我的示好並沒有贏得新老闆的信任。

我的新老闆以前沒有帶過下屬，一下子給我這個MBA做上司，心裏大概沒底，他始終不能信任我。他和我也屬於不同的類型的人。他是那種紅色的人，比較講究秩序和權威，而我是黃色，有創造性卻不喜歡按部就班（公司曾經給我們做過一次培訓，將不同風格的人分成四種顏色，紅和黃色是其中的兩種顏色）。

當時我負責的很多新產品離在中國上市有至少五、六年之久。我不認爲對這些產品要做太多的工作，不必要每次都更新，也不需要頻繁地去見專家，因爲專家的時間很寶貴，沒有實質性協商內容，我不主張去見專家，我的工作不是銷售。我認爲應當把工作重點放到離上市比較近的產品上。但我的老闆一再向我追問這些離上市很遠的產品的市場情況，咄咄逼人。一天在他和我的一對一開會時，我們因意見不同發生了衝突。我忍不住了，站起身來衝出了會議室，經過諾瑪的辦公室，見門開著，我就敲了敲門進去了，喘著氣說我無法與我的經理工作。

第二天，人事部介入，跟我談了話。但是人事部是維護老闆而非員工的，我到這時才發現，如夢初醒。接下來我的日子很難過。但因爲父親的病需要用很多錢，我不能輕易換工作。我忍耐著。後來我們部門的總監到位，也是位中國經理，但爲人比較圓滑，我直接向他彙報，情況好些了。

然而不久，諾瑪和人事部給了我一個閒差，主管市場部的培訓，並把我的辦公地點安排到偏僻的角落裏。當時公司有很多培訓，網上有課程信息，可以上網查閱。但是諾瑪讓我編一個小冊子。我按她指示做了個小冊子，問她能否找印刷公司印製，她讓我打印。於是我在打印機上彩色打印了三十多份市場部培訓小冊子，感覺很浪費。

我那段時間在公司很痛苦。我因爲工作接觸到公關公司（Public Relations），對此很感興趣，於是與那家公關公司經理聯繫，告訴他們我有意加入他們。我通過了他們的面試，他們又徵得了諾瑪的同意，我於是離開了我工作了近五年的美國製藥公司，加入了一家美國的公關公司，主管醫藥領域的公共關係項目。

我在這家公關公司開始時不錯，很快拿到幾個新項目。但是很快遇到非典（非典型性肺炎，SARS），公司業務下滑。注重收益的猶太人老闆找我談話，告訴我公關公司壓力很大，當業務增長受挫時就要壓縮費用。而我的工資較高，裁員我首當其衝。我只在這家公司工作了四個月就被裁掉了，始料不及。到二〇〇三年八月，我在中國充滿前景的職業生涯受到了挫折。

第十四章

二〇〇〇年五月繼母去逝了，那時我還在美國製藥公司工作。繼母病了五年了，一直沒有查明病因。起因可能是她拔了全口牙齒後只吃粥一類食物，造成營養不良。她迅速消瘦，一病不起。起先父親照顧著繼母，後來請來了陶大媽住家幫忙。日子久了，父親有時也對繼母說些讓她不快的話，但這時的繼母已經不再能夠與父親針鋒相對了，只是默默地忍受。最後繼母腎臟衰竭又合併心力衰竭而不治身亡。妹妹傷心極了，同時還失去了腹中的孩子，受到雙重打擊。那一年初我也因感情受挫精神疾病復發。

繼母去逝後，父親情緒有些低落，常喝酒消愁。二〇〇一年九月底他到上海來看我。我上班時，父親見我冰箱裏有瓶洋酒就嚐了嚐。發現有股淡淡的果味，一下子就喝了大半瓶。當晚他因腰腿疼睡不慣沙發牀，便把席子鋪在地板上睡覺，受了風寒。第二天一早我起來，父親告訴我他腹痛，看他的樣子挺嚴重的，我知道父親通常很能承受疼痛，他說疼一定是很疼的。考慮到父親有膽囊炎的病史，我決定送父親去我實習過的肝膽科比較強的上海中山醫院，便撥打了120（中國的急救電話）。

到了醫院急診室經檢查，發現父親有急性胰腺炎，膽道裡還有幾個小結石。父親被收住院。當天非常不巧，正好是中秋和國慶雙節，醫院的醫生大多休假出遊，只剩一個年輕的總值班醫生。不知道父親喝酒的事，該醫生說父親是膽源性胰腺炎，需要儘快手術，併力勸我們選擇微創的ERCP手術，從內視鏡取出膽石。說什麼傳統手術創傷大，微創手術恢復快，適合父親這樣年齡的人。與父親商量，他也希望很快康復，早日回蕪湖。我立即打電話給妹妹，她馬上啓程來上海。當晚，父親就做了微創手術，我在場，看到父親很痛苦，雖然是微創，但是沒上麻醉。

術後第二天，父親主訴腹脹，醫生建議用芒硝敷。第三天，父親腹痛加劇，值班的醫生是一個較有經驗的主治醫師，他馬上給父親做檢查，腹部X光片發現有液平（腹腔裏有液體），醫生下醫囑緊急手術。父親被推進手術室。打開腹腔發現爲急性壞死性胰腺炎，術中又造成十二指腸高位腸瘻。做了處理後，父親被送進加護病房（ICU）。十分兇險（這種情況死亡率極高）。醫院給我們下了數次病危通知。我和妹妹跪求醫生鼎力救治。

在加護病房住了九天的父親被轉到外科病房，身上插滿了管子。父親的腹部橫著一個大切口，沒有縫合，以便清創。每天醫生來換藥時，場面都讓人揪心，醫生將戴著手套的手直接深入父親腹腔探查，父親疼痛難忍。父親的腹部引流管裏每天都吸出大量液體。父親說著胡話，說有小鬼打他。我和妹妹就到上海城隍廟和附近的龍華寺燒香，拜求父親的過房娘觀音菩薩保佑（阿婆在父親兒時，曾按舊俗將他過繼給觀音娘娘）。

漸漸地父親的病情穩定了下來。不能進食的他有著強烈的食慾，不斷地要求我們給他吃東西。每當看到病房有人吃東西，父親看得眼珠子都要掉出來。讓我們很心疼。不久新的問題又來了，依靠靜脈營養的父親發生反覆感染，發高燒。後來醫院嘗試腸內營養，父親不適應，腹瀉，妹妹有次一天給他清理九次大便。

當時陪護父親的擔子主要由妹妹和陶大媽承擔，雖然每個不加班的週末我都去醫院陪護。我要保住我在外資企業的工作，掙錢支付高額的醫藥費。父親的工作單位只同意給他前三個月的醫藥費用報銷40％，以後的報70％。理由是他在外地就醫。因爲父親曾在退休後在院外看診，父親得罪了當時的院長，院長召開職工大會，改了職工醫療報銷規定。爲了震懾退休醫生到外院工作，規定不給在外看診的退休職工報銷醫藥費，直到停止在外工作三個月以後再恢復。可憐父親以極低工資爲醫院工作一輩子，救人無數，自己患重病生命垂危，卻面臨無錢醫治的境地。那時他平均每天的醫藥費千元以上，交不上錢就要停藥。父親和繼母做了一輩子醫生，省吃儉用才有六萬元左右存款，給了妹妹，妹妹悉數拿出。我窮盡我的積蓄，還低價賣了我兩套房子裏的一套。最後父親康復後，我們自己支付的醫藥費用就有十幾萬元，這在當時是筆很大的費用。

父親在上海中山醫院住了三個多月，胰腺炎穩定了。但是中山醫院對他的腸瘻束手無策。我們也無法承擔高額的醫藥費，就與父親工作的醫院協商轉回本院。醫院領導來上海看了父親就同意了，還派了一名醫生和護士隨我們租的救護車護送父親回蕪湖。到了醫院，那裏的醫生主張放棄腸內營養，做全腸外靜脈營養。感染和高燒又接踵而來。父親的情況很危險。

這時我打聽到南京軍區總醫院在治療腸瘻方面全國領先，正好我的一位大學同學在那裏做護士長。我聯繫好了以後，就用股市割肉拋售股票的七萬元將父親轉到那裏。那

第十四章

裏在黎介壽教授的帶領下醫術果然高明。他們首先用塑料薄片堵住腸瘻口子，然後建立腸內營養，拔除靜脈營養導管，感染問題迎刃而解。當時父親浮腫一消退，人已經是皮包骨頭。在有效的腸內營養下，父親一天天改善。醫生下醫囑令他鍛鍊。父親的肌肉已經萎縮，一動還渾身疼痛。當時我們在該醫院請了位姓徐的男護工。小徐扶著父親坐起來，剛開始他只能靠著小徐坐十幾秒鐘。慢慢地一天天進步。後來父親就能在走道裡由小徐攙著扶牆走動。最後在出院修養準備手術修復腸瘻口時，年近七十的父親竟然能夠一口氣爬上十七樓。

二〇〇二年底父親由黎教授親自手術，很成功。二〇〇三年初複查後一切良好，父親被批准逐步進食。從發病起父親有十五個月不能吃東西。父親慢慢康復。

有著頑強生命力的父親，在我和妹妹這對親密的異母姐妹的幫助下，從死神那裏逃脫。他後來常對我們說他病危時做的那個夢。他夢見到了閻王那裏，閻王問：「你來做什麼？」父親說：「我來報到。」閻王讓判官查生死簿。判官說：「沒有這個人的名字。」閻王說：「走走走，你的陽壽未盡，快快回去吧！」然後父親就一天天好轉。眞神奇。

同年十月，父親到上海參加了我的西式婚禮，我挎著他的手臂走過紅地毯。我當時感動得熱淚盈眶。父親親手將我交給我的美國丈夫，並在婚禮上致辭。在婚宴的舞會上，父親還邀他寡居的嫂嫂七十五、六歲的我大伯母翩翩起舞，這一幕被記錄在我婚禮的錄像帶裏，永久珍藏。

父親又多活了近二十年，還找了個老伴結了婚。老太太看起來很清爽，脾氣也好。他們相互陪伴著生活。二〇二一年初，我八十七歲高齡的父親突然感覺不適，到醫院兩天後就去逝了，免於遭受太多痛苦。他還活在我的心中，我將永遠思念他。

第十五章

與一起走過五年多時光的男友分手後，我已經快三十二週歲了。在當時的中國社會，這個年齡的未婚女性被稱爲大齡女青年，後來又被叫做「剩女」。我加入了剩女的行列。

三十歲出頭的我，正處於一個女人一生中最好的年華。依然年輕美麗，又有了些來自生活的閱歷，開始成熟。然而當時中國男人們在婚戀上有著畸形的「少女情結」，他們爭相找二十歲出頭的年輕女子。我商學院的一個經過西方思想洗禮的男同學，竟然也常說三十歲以上的女人是「老菜皮」。我禁不住想質問他自己是什麼呢？！

好男人早早地結了婚，我那時的選擇面很窄。中國又不興丈夫比妻子小上個幾歲。歲數相當或比我大的單身男人，又要找三十歲以下的更年輕的女子。我的高薪工作不但幫不了我，反而是我找到另一半的障礙。中國很多男人缺乏眞正的自信，需要在經濟上比妻子佔優勢，給自己壯聲勢。在學歷方面，社會也要求男方不能比女方低，雖然我並不介意。我處在一個很尷尬的境地。

我想要有個家庭。不是僅僅有個家（home），而是family，由家人組成的我自己的家庭。我一再說過我要有孩子，因爲我從小喪母，我的內心有一個巨大的空洞。我幾乎可以聽得到我的生育鐘在滴滴嗒嗒地走著。造物給女人的生育期是短暫的。女人天生是母性的，花開了是爲了結果。而花期卻是那樣短暫，要在凋謝前等到一隻昆蟲來爲花授粉。不一定要是一隻蝴蝶或蜜蜂，哪怕是隻甲殼蟲，某隻昆蟲。

女人可以沒有男人，卻不能沒有孩子，孩子是女人永遠的愛。不能做母親在我看來是女人一生最大的遺憾，而要有孩子，還是要有男人幫忙。孩子的良好成長也需要父親和父愛。所以我要找到我的另一半，和他結婚，生孩子。我當時雖然是個「白骨精」（流行語，是「白領、骨幹、精英」的縮寫），有著令人羨慕的職業和收入，我卻渴望普通女人的幸福，期待過「老公、孩子、熱竈頭」的生活。爲此，我願意放棄我當時擁有的一切。

第十五章

所以我掙扎著，不能像我的幾個朋友那樣從容地做剩女，獨自享受生活。因父親開明，我沒有來自家裏的壓力，但是我自己給自己很大壓力。我還擔心我的病會成爲被拒絕的理由。

我的要求不高，只要是個誠實有底氣的男人。相貌一般即可，當然不要猥瑣。收入不限，我完全不介意男方收入比我低，但要有自信。沒想到這竟然是那樣的難。

我託朋友們給我介紹，就差沒有去徵婚了（我想過聯繫當時上海的電視相親節目「相約星期六」）。我曾經去外國語學院相親，見我朋友介紹的對象。相親的感覺怪怪的，像是場交易，自己是被驗的貨物。被人打量著，我很不自在。他是個老師，研究生，外表一般，我和他沒有來電的感覺。覺得他缺少點精氣神，我沒有和他繼續交往。我還參加了一些外國商會舉辦的社交活動，刻意地打扮了，卻也沒有釣到我的金龜婿。

那時我有了電腦，網上有freetel 和icq（早期的網絡社交聊天平臺）. 我上了這些網站與人交談。遇到各色人等（中外人士都有）。有直接就要聊性（cyber sex）的。也有談的來的，但線下一見面，多半是見光死。我曾經見過一個長得很帥的、說一口流利中文的德州美國人，但聽說我有精神疾病，他立馬打了退堂鼓。

就在我一籌莫展的時候，一位比我大二十五歲的法國男士向我射出愛之箭。他是位學者，很幽默很有風度。他告訴我他與太太長期不和，已經分居。他希望我能夠對他忠誠，我給了他我的承諾。我們開始了遠程戀愛，電郵傳書。他大概每三個月左右來上海見我。在一起的時候我們挺浪漫。

他向我承諾要辦離婚，卻一直拖延。按法國的法律離婚挺麻煩，他也不願意失去自己辛苦一生積攢下來的家業。我們好了有近兩年，他的離婚卻沒有進展。我明白了我和他處於生命的不同時期，我很緊迫地要結婚好有孩子，而他卻沒有這種緊迫感。我終於決定與他分手。我沒有那麼多時間與他耗下去。

我仍然是個剩女，仍然在掙扎著，想嫁出去，想有個自己的家庭。

第十六章

我三十四歲了，繼續當著剩女。常常心想我有哪裏不對麼？可是我沒有錯呀！There is nothing wrong with me！可是我就是找不到能與之走進婚姻殿堂的另一半。我在想是不是上帝把我遺忘，亦或祂太忙了。

就在這時，我在商學院認識的交換學生好友、美籍華裔Jackie來中國與我見了面。她在舊金山灣區。我們談了很多，我向她訴說了我尋偶的苦惱。她告訴我去試試美國的婚戀網站Match.com.

我在那裏註冊了，第一個月好像是免費，但是要先把月費交了。我寫了個簡單的自我介紹，填了個問卷。很快我收到一封電子郵件。他是個美國人，在上海公幹，想找個人帶他了解上海。我回覆了，我們開始通郵件。從他的郵件中我得知他在一家醫療器械

公司工作（我在製藥公司工作），還是個會駕駛單引擎小飛機的飛行員。我在回覆中讓他小心，我擔心開飛機危險，提到寫「小王子」的法國作家兼飛行員聖埃克蘇佩里（Saint-Exupery）。他回覆說開飛機其實比開汽車更安全。

通了十天左右郵件，他給了我他的電話號碼，說我可以給他打電話。我撥通了他的電話，「Hello，May I speak to Mr. G?」，「Yes，speaking。」（「我找G先生。」「我就是。」）他的名字是D，聲音很好聽。我告訴他我曾經是個護士，但是個不太會打針的。他笑了。我們聊了有約半小時。他隨即在郵件中約我見面。我們約在十一月中旬的一個星期天上午十點見面。

那天起先是個大晴天，後來轉爲陰天，有點涼。我穿著深紫色的牛仔褲，配雪青色的毛衣，外披一件淺紫色的夾克衫，我戴著眼鏡（我近視度數不深，眼鏡可戴可不戴），微捲的長髮及肩。化了點淡妝。我對自己滿意了便出了門，打車從我住的徐滙區裕德路到了他在虹橋的辦公室。

我到了門口，按了門鈴。門開了，我走了進去，看到他在打電話，擡頭透過玻璃門看到我。他穿著一件短袖襯衣。我們出門時，他披上了件上了年頭的短皮夾克（後來才知道是飛行員夾克），上面別了許多徽章。他個子不高，卻很魁梧，肩膀很寬。長得不錯，帶副眼鏡，顯出幾分儒雅。我們邊走邊談。在虹橋的展覽中心有個畫展，那裏是我們的第一站。

看完畫展，我帶他到我喜歡的上海復興中路陝西南路一帶，當時那裏有一條路有很多畫廊。我喜歡看畫。路過一家裝修得古色古香的婚慶商店，我帶他走了進去，向他介紹中國的婚俗。他饒有興致地聽著。看到我喜歡那裏陳設的綿羊一家的擺設，他就買下了裝進他的黃黑兩色的像大黃蜂的揹包（**backpack**）裏。

我們一路沿法國梧桐夾道的陝西南路往北走。沿路是地道的老上海，有洋房有弄堂。我走得快，他也習慣走路，他一路跟著我。快到淮海中路那裏我們餓了。正好路邊有家餐館，我便帶他進去了。我們到得早，廚師們還在吃飯，但是他們願意爲我們服務。他點了豬排，我點了和他一樣的。我們邊吃邊談，我知道了他是加州人，有德國和意大利血統，從事醫療器械的質量管理工作。我也沒多想，怕被拒絕，沒敢打開心扉。

我們接著步行（後來他告訴我，他一生中從來沒有在一天裏走過這麼多路），到了人民廣場的上海大劇院，他請我聽音樂會。是澳洲（**Australia**）一交響樂團的演奏，他

第十六章

喜歡古典音樂。中場休息時，我和他說了許多我的情況，告訴他我有精神疾病，在公司裏最近不順利，與老闆不和。我說了很多，他靜靜地聽著。他也告訴了我他的簡單情況。他曾經參加過美國海軍陸戰隊，是個Marine（海軍陸戰隊員）。他比我大六歲多，生於一九六〇年代初，射手座。離異，有個十二歲的兒子隨他母親一起生活。他的公司總部在南加州，他每一兩個月飛上海來工作。

聽完音樂會，他打車送我回到我住的高層樓下，送給了我他在那家婚慶店買的綿羊一家，與我別過。我不知道他對我有沒有意思，沒敢多想。

第二天，我在上班時查收郵件，收到他的郵件，稱我爲他的dream girl，他的夢中女孩，我簡直不敢相信！我當即約他再次見面，要好好看看他，瞭解他。他說當天晚上他就有空。下了班，我直接打車從我在人民廣場附近的公司去他辦公室樓下見他。

他的辦公大樓底樓有家星巴克，我們就點了咖啡找了個位子坐了下來。我看著他的藍中帶點綠色的眼睛，有種特別單純的感覺。我盯著他的眼睛看了許久，我被他深深吸引了，感覺我的心墜入了那潭藍綠色。淚水模糊了我的雙眼。就是他了，我苦苦尋覓的另一半。我伸出我的雙手讓他緊握。我們在那裏坐了很久，直到星巴克打烊。

初次見面的第三天我們又見面了。他隔天要回美國。我帶他上我家看看。到了家門口，鬼使神差我竟然找不到鑰匙。我只有求助於街角的鎖匠開了鎖。我的家是套約七十七平米的兩室一廳改作一室兩廳的溫馨小屋。進門是餐廳，往前走是客廳，客廳隔壁是臥室。聯通客廳的陽臺封閉了做我的電腦房。客廳陳設簡單，一邊靠牆是電視櫃，對面是張橡皮紅色的沙發，放下來就是張牀。

我們叫了外賣在我家享用了燭光晚餐。我們聽著我喜愛的愛爾蘭音樂（**Dan Gibson** 的 **Celtic Awakening**）。音樂裏配著潺潺的雨聲和流水聲。我們相擁而坐，開著取暖器，取暖器發出的光像是壁爐裏的火光。一直到很晚我們就在這張沙發牀上相擁而眠。爲了表示對我的尊重，他忍著沒有做更親密的舉動。那一晚極其浪漫。第二天一早我送他上出租車去機場（我要上班，不能去送他），臨走他脫下他的飛行員皮夾克披到我身上，只穿著件短袖襯衣就上了車走了。這一去要兩周後才回來。

在等他回來的那些天晚上，我就蓋著他留下的皮夾克入睡。我聞著皮夾克那皮草味混合著淡淡的鬍後水、菸草和微微的汗水味，那是他的氣味，讓我安靜，有種催眠的效果。我最喜歡的香水是男用香水，要是有調香師能把那皮夾克的氣味做成香水，那將

第十六章

是我的最愛。想起歌手辛曉琪的那首「味道」：「想念你的笑，想念你的外套，想念你白色襪子，和身上的味道，我想念你的吻，和手指淡淡菸草味道，記憶中曾被愛的味道……」。

他還寫得一手好文字（流暢而富於感情的英文），在大學裏曾經輔修新聞（Journalism）。他那時有寫journal（雜記）的習慣。在他回美國的日子，我幾乎天天都能收到他寫的愛的journal。他上了飛機就打開電腦寫，一直寫到電腦沒電。在一篇journal中他寫道：「我將駕駛飛機載著我倆飛躍峻嶺，飛過那一望無際的沙漠，在燈火闌珊時分降落在拉斯維加斯。」他的這些文字讓我更深地愛上他（這些都在我的hotmail郵箱，後來hotmail出了問題，那些郵件都沒有了。這些文章我也曾經存在我的舊臺式電腦上，後來那臺電腦又壞了。我丟失了這些journal，很可惜）。

終於他回來了。我們幾乎天天見面。不久，我們也在一起了。一天，我去他酒店幫他搬到我家。我們很投緣。我愛吃的，他大多也愛吃，反之亦然。他愛吃蝦，我常常買上一斤活的基圍蝦，放在一個大碗裡加上佐料直接放進微波爐裡加熱，一會兒就熟了。我們便饕餮一番。

他是個細心的愛人。我喜歡他爲我做的一些溫馨小事。那時是冬天，天氣很冷，他會先睡到我睡的一邊爲我暖牀。我一生從來沒受到過這樣的待遇。感覺幸福極了。

我們墜入愛河不到兩個月的一個晚上，他送了我一枚好看的紫水晶戒指，是他回美國時買的。他說他第一眼看到我就想要娶我。他向我求婚了。我激動得哭了。

我們後來搬到了在華亭賓館後面的商住樓，租了間大兩室兩廳的公寓。我把我的小窩賣了，打算再置個家。後來他公司要派他回美國常駐，爲了與我在一起，他辭了職。他在家的日子，我打算讓他創業（幫國外醫療器械公司在中國做採購 sourcing）。但是這不成功，因爲他不善於推銷自己的業務。到這時我方知創業眞的不是什麼人都能做的事。

非典（SARS）期間房價低迷，我們用我的積蓄和賣掉小公寓的錢付了首付，並分期付款買了上海內環線以內、萬人體育館北面漕溪北路上的一套全裝修的商品房。八月，我們按中國的習慣在影樓拍了結婚照。辦好各種證明後，我們於二〇〇三年九月的一天去民政局領了結婚證書，這時距我們初次見面不到十個月。我想要給自己辦一場盛大的婚禮。

第十六章

我在位於上海市中心的五星級酒店興國賓館，預定了在十月初辦西式的花園婚禮。我們邀請了八十多人，主要是我的家人親戚和朋友們。因為時間很緊，D的父母和家人不能前來。我們邀請了一些D在醫療器械公司的前同事。

在婚禮的前幾天，我父親，我妹妹妹夫和他們的小寶寶（我妹妹終於有了個可愛的女兒）以及陶大媽來到了上海，參加我們的婚禮。

在婚禮當天，我大病初癒、死裏逃生的父親挽著我的手，把我親手交給了我的夫君。我父親做了個演講，感謝所有幫助過我的人。D和我發了婚誓，交換了戒指（我妹夫擔任伴郎，我在公關公司的一位漂亮的前同事擔任伴娘）。

我們通過婚慶公司請了個樂隊現場演奏音樂。吃完豐盛的自助婚宴以後，D和我以及我們的賓客們在音樂的伴奏下翩翩起舞。這是我一生中最值得記憶的一天。我終於在三十五歲嫁給我的愛人。

婚宴和舞會結束以後，D和我在興國賓館住了一晚。我們沒有去度蜜月。D在加州找到了一份工作，他需要去工作來支付我們買房的貸款。在他走之前，我們開始了帶我去美國的移民程序。

第十七章

幾個月以後，我出發去位於廣州的美國領事館做移民面試。D回到中國陪我一起去，期間我們一起去了趟香港。面試還算順利。我們回到上海，給我買了張去美國洛杉磯的單程機票。我於二〇〇四年四月持移民簽證到達了美國。

我在南加州D的大弟弟家見到了我的公公和婆婆。我也去看了我兒時的玩伴小杰和她的媽媽沈阿姨。她們在一九九〇年代中期移民到了美國，定居於南加州。小杰和一位來自東南亞的華裔男子結了婚，有了一男一女兩個孩子（後來還添了一個小三子）。能夠和小杰和沈阿姨在美國重逢，我感到很高興。

我的公婆開車帶我去他們在北加州澄湖橡樹灣（Clearlake Oaks）的家。這是一個美麗的退休社區。公婆的房子上下兩層樓，有六間臥室，三個衛生間，挺大。我婆婆是第二代義大利移民，她有五個子女，她選擇了這所大房子是爲了方便家人團聚。

我計劃在公婆家住幾周，幫助公婆在他們外出坐郵輪旅行時，照顧他們的殘疾長子，D的大哥戴爾。戴爾從小患一型糖尿病。他沒能照顧好自己，眼睛失明了，還有很多其它的糖尿病併發症，他每週需要做腎臟透析（洗腎）三次。戴爾住在一樓的一間臥室。雖然他眼睛看不見，他卻能坐輪椅自己到屋外去抽菸或吸大麻。戴爾年輕的時候因盜竊和吸毒坐過幾次牢，他曾經偷了D的生日禮物——一輛嶄新的自行車拿去賣掉。他是D家裏不讓人省心的人。公婆離開後，我就給戴爾在餐前扎指尖測血糖，打胰島素，然後給他做個簡單的三明治做午餐或晚餐。他起先不大樂意，過了幾天感覺到我的善意，他也就和我相處得好些了。我其它的時間便閱讀公婆家的藏書。

我公婆旅行回來後，D便來接我去他在南加州安大略（Ontario）租的公寓。在此之前他爲了省錢，借住在他大弟弟家的房車裏。我們沒有傢俱，晚上睡在一張漏氣的充氣牀墊上。當D去工作，我就獨自在家等他回家。D的舊車壞了，買了輛新的銀色大眾新金龜車（Volkswagen New Beetle），因爲這是我在上海的車展上看到並喜歡的車。D回家後我們就一起做飯。鄰居的貓有時會到我們家來。D愛貓，這貓也和D親近了起

第十七章

來。這樣過了大約一個月，一天，D回家哭喪著臉，遞給我他最後一張支票。他工作的公司經營不善，他被解僱了。他給他媽媽打電話，我婆婆讓我們搬到她家去住。我們把我們不多的行李打了包，開車近九個小時搬到了我公婆在橙湖橡樹灣的家。這對我是一個巨大的變化，從繁華的大上海來到美國退休社區。但是我慢慢適應了這裏的慢生活。我們在這裏住了三年，一千多天，度過了一段美好的時光。

澄湖距舊金山約兩小時車程，是加州最大的天然火山湖。它的一側有座火山，叫肯諾克泰山（**Mount Konocti**），狀如一曲膝仰臥的長髮少女。湖光山色相映襯，美極了。當地印第安人（北美原住民）有個悽美的傳說，少女曾與一少年相愛。被拆散後投入澄湖溺亡，她憂傷的眼淚化作了一顆顆晶瑩剔透的澄湖鑽石（皓石）。我的公婆就在當地發現並收集了一些珠寶級的澄湖鑽石。澄湖中有個地方的水中常年冒氣泡，是火山活動造成的，叫蘇打灣（**Soda Bay**）.

澄湖一端的橡樹灣（**Clearlake Oaks**）是一片人工開鑿的運河網，呈羽狀，河兩旁是一座座式樣各異的獨立屋，居住著一戶戶人家。中心河道通往澄湖。我公婆的房子就在其中一條運河上，木結構的露臺懸在水面上，從上面可以直接垂釣。公公和我先生D

愛好釣魚，在露臺上釣到過十幾斤重的大鯉魚和鯰魚（cat fish）及其他種類的淡水魚。釣到的魚大多被釋放，偶爾我們也會留下享用。鯉魚是入侵物種，因刺多，當地人一般不吃。

露臺旁順臺階往下，有個不大的浮在水上的船塢，從上面可以上公公的腳踏船。船塢中間泊著一艘舊機動船。我和D常常踩著腳踏船，在縱橫交錯的運河裏徜徉，看野鴨在水面上悠閒地游來游去。還有其它各種水鳥。有時我們也發動公公的那艘舊機動船，通過中心河道開到開闊的澄湖上游弋。澄湖是水鳥的樂園。我們最愛看春夏之交在此繁殖的叫Western Grebe（北美鸊鷉）的水鳥求偶的儀式。這種鳥體型介於鴨子和鵝之間，長頸，求偶時會做複雜的配合默契的互動，雌雄伴侶成雙成對，頭頸協同一致地向左右兩邊轉動，還一同在水上踩水奔走，像是在跳舞。

公公有隻心愛的小狗叫麥羅。麥羅是隻傑克羅素小獵犬（Jack Russell Terrier），非常活潑好動，愛跳。每次D或公公釣到了魚，麥羅就興奮地竄來竄去，激動地叫著。

D和公公會把釣到的巴掌大小叫藍鰭（Bluegill）的魚放在一個裝了水的大桶裏。麥羅就瘋狂地圍著桶打轉轉，不時用前腿去抓魚。魚太機靈，麥羅總是不成功，卻屢敗

第十七章

屢戰，不肯放棄。麥羅還曾抓到過露臺下的野鴨，我們紅燒吃了，美味。

公婆家房子所在的運河裏有很多田螺、小龍蝦。夏日D下水摸田螺，抓小龍蝦，每次都有收穫。我便加佐料烹煮，然後一起享用。公公婆婆卻只是旁觀，不曾染指。夏夜河裏的牛蛙鼓譟，叫聲響亮，挺吵人。D有回捉了隻碩大的牛蛙，來到我們臥房冷不丁地給我看，把我嚇個半死。

公婆家的前後院有幾棵果樹。有西梅，油桃。前院的那棵西梅樹多產，每年結果時結的果都來不及吃。有回我買了做果醬的可密封玻璃罐，我按照菜譜上的指示做了西梅果醬，裝在玻璃罐裏密封。跟商店裏買的果醬一樣。在離家不遠的一條小溪旁，有野生的黑莓，很大，很甜。我們每年都去採摘，回來做黑莓派。在鎮上圖書館邊上有片無主的胡桃（walnut）園，栽滿了胡桃樹。每年秋季樹下都落滿了胡桃。D帶我去撿胡桃，回來後我們坐在露臺上用胡桃夾子夾胡桃，剝取胡桃仁。

有一次鄰居家砍掉了一棵大樹，D把樹椿搬回家，然後用斧子劈成柴火。冬天我們就用這些柴火在公婆家的壁爐裏燒了取暖，焚燒的柴火的火光映照和溫暖著我們，很溫馨。

第十七章

我和D常去澄湖鎮上的幾家舊貨店淘寶（這裏叫作thrift store），常有驚喜的收穫，帶給我們無窮的樂趣。這些小店裏有舊書舊雜誌，廚房用品，洗得乾乾淨淨的各式衣服，兒童玩具，以及各種擺設，琳琅滿目。價格從幾十美分到幾個美元，非常實惠。貨物多來自當地居民的捐贈。

我花了二十五美分買了本上了年頭的鉤針教程，照著圖和說明，學會了鉤針編織，給親朋鉤織聖誕禮物，大家都很喜歡。這些商店裏有很多鉤針圖樣，設計精美，大多已經絕版。我常去淘寶。看到喜歡的圖樣就買下來。後來發現ebay上舊手工圖樣買賣頗活躍，我就將重複的圖樣掛到ebay上拍賣。一本一美元以下的圖樣，可以賣好幾個美元，是個不錯的買賣。有次D發現一摞約十幾本一九二〇年代的遊艇雜誌，花了不到十美元買下，在ebay上拍賣竟一共賣了三百多美元。只是這樣的好事可遇不可求。

除了舊貨店，社區裏經常有人家辦車庫甩賣（garage sale）。把家裏多餘的東西拿出來擺放在車庫或院子裏，向路過的人廉價出售。我們也常常光顧這些甩賣。公公年輕時拍攝了很多幻燈片，可惜幻燈投放機壞了。有天我和D開車路過一處garage sale，停下車來，竟然發現一臺完好的幻燈投放機和配件。D毫不猶豫地買下了。我們回家後得以欣賞那些高質量的老照片，眞好。

在我們搬到我公婆家後不久，我發現我懷孕了。我需要看醫生。美國的醫療保健體系和中國的很不一樣。在中國花不多的錢，我當天就可以掛號看醫生。然而在美國看醫生要預約，我當時也沒有醫療保險，看醫生很貴還要等待。申請政府資助的孕婦醫療保險要塡很多表格。我感到很有挫折感，抱怨美國的醫療保健體系很落後。我的美國公婆聽到後感到很驚訝。

經過一番周折，我終於看了一位婦產科醫生。在懷孕早期的一次產檢時，醫生做了多普勒超音波（**Doppler ultrasound**）來聽胎心。醫生沒聽到。她說可能還是比較早，下次我來看診時再測。下次再測的時候，她還是沒能聽到。她讓我去當地一家醫院的放射科去做超音波檢查（**ultrasound**）。放射科醫生做了檢查後告訴我，他沒有看到胎兒，只看到一個空的胚囊。聽到後我感到很震驚，很悲傷。我告訴了D，他也很傷心。他那天因爲在給當地的接送病人的交通公司開車而沒有陪我去做超音波檢查。不久我出血疼痛自然流產了。我的婦產科醫生安慰我說自然流產很常見，流產後休息數月再次嘗試懷孕會比較容易懷上。

因爲橙湖縣（Lake County）基本上是一個退休和旅遊縣，當地幾乎沒有適合D的履歷和經驗的工作。他花了好幾個月的時間，纔在薩克拉曼託（Sacramento）找到一份合同工作，單程就要兩小時車程。後來他又在桑塔羅莎（Santa Rosa）找到一份合同工作，每天上下班要在逶迤的山路開車一個多小時（單程）。他需要起早貪黑，很辛苦。在這些合同工作的空檔之間，D也打些零工，比如幫接送戴爾和其他病人的當地交通公司開車接送病人，幫他的一位開修剪樹木公司的表親打零工等。

我們需要掙錢養活自己，並匯錢到上海的銀行支付我們買房的每月一千多美元的分期貸款（Mortgage）。離開上海前，我們沒有把房子租出去。我也需要工作掙錢。我在美國的第一份工作，是在加州的連鎖快餐店 Jack in the Box 炸薯條做漢堡和收銀。我以前從來沒做過這種快節奏的工作。這份工作我做了大約三個月。

有一天，我婆婆的妹妹凱蘿阿姨（她做照顧殘疾人的工作）告訴我，當地的一家護理院（Nursing home）有帶薪的CNA（認證護士助理certified nursing assistant）培訓班。學員在培訓期間可以拿最低工資。儘管我在中國讀了四年的本科護理專業，擁有護理學的學士學位，但是我沒有美國的註冊護士（Registered Nurse, RN）執照，不能在美國做護士工作。我報名參加了這個培訓課程。我學習了急救（CPR, cardio pulmonary resuscitation），測量生命體徵，安全地轉移病人等基本護理技能。在爲期約三個月的培訓結束後，我成功地通過了有筆試和操作考試的 CNA考試，並拿到了我的CNA證書。培訓期間我們一邊學習，也一邊在這家護理院工作，照顧居住在護理院裏的人（residents）。

在護理院裏的工作很辛苦，一個CNA或學員要照顧五到六位病人（或稱居住者，residents）。這家護理院裏約一半的居住者頭腦清楚比較獨立。他們能夠參加一些活動如玩Bingo等遊戲。另外的一半人頭腦不清楚或有殘疾，需要更多的照顧。我記得照顧一位中風後失去語言能力的老太太，她要求要按某種方式來擦澡穿衣，但卻無法表達。當我沒有按她的要求去做的時候，她變得很煩躁，我不斷地嘗試著，終於按她想要的去做了，她也高興了。居住者中有許多人有老年癡呆（失智症 dementia）。照顧這些病人很艱難。有一位黑人老太太，失智症很嚴重，已經完全不知道她身邊發生的一切，她只能發出沒有人能夠聽得懂的聲音。我幫她洗淋浴，她很胖，很難洗乾淨她屁股裏深藏的糞便。這份工作太難做了，這是我一生中做過的最艱難的工作。

第十七章

不久，我在當地報紙的廣告欄裏看到了一則招聘廣告，橙湖縣（印第安）部落健康中心在招聘一位糖尿病教育助理。我申請了，經過幾輪面試被錄用了。薪水比在護理院高一點，雖然也不是很高，但是這份工作很輕鬆，工作環境也更好。我的工作是幫助註冊營養師和公共衛生護士，給橙湖縣附近的印第安（美國原住民）部落的居民做糖尿病教育。我們去這些原住民的社區和家裏給他們免費測血糖，講解糖尿病的照顧知識。我還參與組織一年一度的部落體育節活動。我很喜歡我的新工作。我在那裏工作了三個月，然後因爲D打算搬家到薩克拉曼託（他當時在那裏有份合同工作）而辭了職。不料D的合同被提前終止了，我們也就沒能搬家。而我也發現自己再次懷孕了。

第十八章

我的孕期平穩地進展，因爲這是我在美國的第二次懷孕，我也對如何使用美國的醫療系統和資源更熟悉了。現在我想來講講我的美國家人。

我的公公當時七十多歲，他是美國空軍的退伍軍人，曾經參加過朝鮮戰爭。他的職業生涯主要是作爲爲美國國家航空航天局（NASA）工作的一名工程師。他曾參與很多著名的航天項目，包括阿波羅（Apollo）登月項目。我先生對我公公的工作感到非常驕傲。我公公是位非常謙虛低調的人，他在美國阿肯色（Arkansas）州的一個農場上出生和長大。他很少談到他以前的工作。他喜歡談天氣、釣魚和在阿肯色農場發生過的趣事。他說話帶有美國南方口音，有時我會聽不太懂。他支持共和黨（the Republican Party），並且是NRA（美國全國步槍協會）的一名會員。他很節儉，D和我住在他的家裏，可能給他帶來了一些壓力。

我在政治上傾向於支持民主黨（the Democratic Party）。我喜歡民主黨的理念。我不喜歡時任總統小布希（George W Bush）。他以所謂的「大規模殺傷性武器」（weapons of mass destruction）爲由，把美國拖進了伊拉克戰爭。我喜歡收看CNN和MSNBC頻道的電視新聞，這些頻道對布希政府常常持批評態度。我的公婆可能很不喜歡這些頻道，但是他們對我太好了而不忍告訴我。

我的婆婆那時六十多歲近七十歲。她是第二代義大利裔美國人。她的父親在十幾歲時，爲了躲避第一次世界大戰的戰亂來到了美國。他從事餐館業，曾經在舊金山灣區擁有餐館，後來在湖縣（Lake County）定居，我婆婆就是在這裏長大的。

我和我婆婆相處非常好，她是我所能期望的最好的婆婆。她從來不干涉我和D的生活。如果我們需要支持，她總是在那裏幫我們。她喜歡聽我說中國的事情，她會問我很多問題，儘管她有時會混淆上海和新加坡。她是位很開明的美國女士。

看到我自然流產後很悲傷，我婆婆送給了我一隻她在旅行時買的青蛙手鐲，祝我像繁殖力強盛的青蛙一樣好運。這可能眞有魔力，反正不久後我就又懷孕了。

我婆婆很大方，對錢不是很在意。她喜歡在賭場玩吃角子老虎機（slot machine）。她和我公公和她的妹妹凱蘿阿姨，經常光顧當地附近的三家賭場。我來了後不久，她帶我去了其中的一家賭場。我以前從未進過賭場。她給了我一張二十美元的紙幣，我很小心地玩著，試圖不要輸錢。我的阿婆（祖母）曾經教育我切勿賭博。那是我唯一一次進賭場。

在夏季，D的姐姐和弟弟們會帶上他們的家人來看我的公婆。D的姐姐一家住在俄克拉荷馬州（Oklahoma），姐姐一生致力於教育孩子們關於大自然的知識，並獲得了很多獎項，包括去白宮接受總統頒發的獎。她有兩個美麗的女兒。當我懷孕六個月的時候，D和我乘飛機去俄州拜訪姐姐一家。當我們在那裏的時候，姐姐請來幾位鄰居們來歡迎我們。他們問了我中國與生孩子有關的風俗習慣，我告訴他們在我的家鄉，人們生孩子時會給親友送染成紅色的雞蛋，雞蛋數量的奇偶會代表孩子的性別。

我們在那裏時，D的十幾歲的和前妻生的兒子也來過幾次看D和他的祖父母。他是一位很好的年輕人。當他在那裏的時候，我儘量讓他和D花時間在一起，畢竟他們難得一見。父子分離是件憾事。

第十八章

當我們從俄州回來以後，我婆婆的醫生發現她的肺癌復發了。她六年以前發現有肺癌並做了手術。她嘗試過戒菸卻沒有成功。她的肺癌是小細胞肺癌，對化療敏感。她的醫生建議她做化療和放療，她因爲害怕副作用而拒絕了放療。在孩子們的勸說下，她終於同意了做化療。

化療後，我婆婆很難受。她就在自己的房間休息，也不要我幫她。她感覺稍微好一點就自己做飯。還照常去賭場玩。她掉了頭髮，買了假髮卻不愛戴。我給她鉤了幾頂帽子，她很喜歡。

在我婆婆做化療的同時，我的懷孕順利進展，很快我就快要生產了。D陪我去上拉瑪澤（Lamaze）呼吸法生產培訓課。我也用公公珍藏的他母親（D的祖母）的縫紉機，給即將出生的寶寶做了一條寶寶毯，用的是我們在舊貨店買的柔軟的法蘭絨面料。

當我接近預產期的時候，我開始有了更頻繁的宮縮。D開車帶我到位於湖堡（Lakeport）的醫院。護士檢查了我的宮頸，開了兩釐米。我在醫院住了一晚。第二天一早，護士發現我並沒有進展，和醫生聯繫，醫生決定讓我先回家待產。

回到家中，我有些擔心。我給我兒時的夥伴在南加州的小杰打了電話。她讓我給醫

第十八章

生打電話請求醫生採取措施加快我的生產。我以前向醫生要求過做剖腹產，醫生拒絕了，堅持讓我順產。我給醫生辦公室打了電話告訴他們我的擔心。醫生終於同意讓我第二天去做催產。

我的護士來自東歐，她給我打了靜脈針，滴催產素。後來又給我用了幫助軟化宮頸的藥。她鼓勵我在房間裏走動。我也按護士的指導，扶著牀邊坐在生產球上幫助促進產程的進展。到了晚上八點多鐘，我的宮頸開到四釐米，我開始感到強烈的疼痛。每次宮縮疼痛是如此劇烈，我緊緊地捏D的手。護士問我是否要打硬膜外麻醉無痛分娩，我同意了。護士叫了麻醉師，麻醉師一會就來了並成功地給我打了硬膜外麻醉。同時我的羊水也破了。決定打硬膜外麻醉是個好主意，我的疼痛大大地減輕了，但是隨著胎頭下降，我還是能感覺到需要用力的感覺。

接近午夜，值班的護士發現我的宮頸完全開了。她叫了醫生。醫生來了並給我做了檢查。他讓我用力。我在用力時採用了我在拉瑪澤課上學會的呼吸法呼吸，很有幫助。D緊張得忘記了幫我數數。我很清醒，不時提醒他數數。在幾次用力以後，寶寶的頭露出來了。護士讓我去摸寶寶的頭頂，並給我鏡子來看。醫生讓我繼續用力。經過幾次用力後寶寶的頭和身體娩出了，我聽到了寶寶嘹亮的哭聲。我高興極了。我有了種放鬆的感覺，並大聲說了出來：「What a relief!」（好輕鬆！）。D親手剪斷了寶寶的臍帶。我終於在三十八歲時第一次做了母親。

護士把寶寶抱給我看，我看了一眼，驚呼：「他像我！」寶寶是男孩，有著一頭濃密的黑頭髮。看起來我的亞洲人的基因比較強。護士清潔了寶寶，並做了些初步的檢查後，就把寶寶抱來給我做皮膚對皮膚的接觸。我嘗試給寶寶餵母乳，寶寶成功地含上了乳頭。第二天認證哺乳諮詢護士來看了我們，並教了我一些母乳餵養的知識和技巧。我給寶寶按需餵母乳，並成功地母乳餵養寶寶到一週歲。

我和D給寶寶起名R，是個愛爾蘭名字，也是我最喜歡的足球隊曼徹斯特聯隊（Manchester United）前著名球星的名字。我們在兩天後的一個晴朗的日子帶著寶寶出院了。

R是一個健康的寶寶並快速地成長著。我們在我公婆的家裏度過了更多的美好的日子。在做完化療後，我婆婆的肺癌進入緩解期。她和我公公在我和D照顧戴爾的時候又外出旅行很多次。

第十八章

D嘗試教我開車。我很笨，老是把車開到路邊的樹叢中。我第一次考駕照時失敗了。後來我婆婆建議我上職業駕校。我跟駕校的老師學了幾次開車，可是我仍然對開車沒有把握。在我第二次考駕照時，考官要退休了，對我網開一面，竟然讓我通過了。但是我依然不敢開車，這是我在美國的最大的缺憾。在美國的大多數地方公共交通不發達，不會開車極不方便，就像沒有腿一樣。

當R八個月大的時候，D和我帶他去了中國。我們在我們離開上海前買的公寓裏住了些天，同時也在找機會把房子租出去。我們找到了一家房客。租金可以支付分期貸款的月供。我們帶R去了蕪湖看我父親和妹妹一家。每個人都很喜歡R。我也見了我的一些朋友們。其中一位在一家美國製藥和醫療設備公司工作的朋友說，她可以幫我在她工作的公司找一份工作。我同意了。

我們在二〇〇七年一月回到了美國。D和我看到了R邁出了他人生的第一步。美好極了。我的朋友做了些安排。我和那家公司的經理們在電話上面試，後來又和他們來舊金山出差的一位部門經理在舊金山面試。他們給了我這份工作。當時我發現我又懷孕了。想到帶著兩個寶寶繼續住在我公婆家會對他們產生更大的壓力，我接受了這份工作。D、R和我在二〇〇七年三月搬回了中國上海。

第十八章

第十九章

我們乘飛機來到了上海，並入住我朋友燕預先幫我們在浦東租下的一所有三間臥室的公寓。我妹妹帶來了陶大媽，她女兒的保姆和曾經照顧我繼母和父親的阿姨。在我去工作的時候，陶大媽幫助我們照顧R。

陶大媽照顧R非常盡心。我去上班時陶大媽不僅照顧R，還負責做飯和打掃衛生。我們付給她優厚的報酬，幾倍於我妹妹在蕪湖支付給她的薪水。她來自蕪湖附近的鄉下。作爲一位農民，她只有一小塊土地可以耕種，不足以產出足夠的收入養活她和家人。她的丈夫因爲車禍去逝了。她一個人撫養她的四個孩子們。後來，她來到蕪湖來幫傭。她曾經幫我舅舅和舅媽做事。我繼母病了以後，我舅舅和舅媽就讓陶大媽來我父親家照顧我繼母。我繼母去逝後，她繼續留在我父親和妹妹家，幫助照顧他們和我妹妹的

第十九章

小女兒。

我在我朋友介紹的美國製藥和醫療設備公司工作，我是一位高級產品經理，負責公司的血糖監測系統（血糖儀和試紙）的市場行銷工作。我的工作主要是更新產品的市場信息和資料，並回答銷售團隊關於產品的問題。我在生我的第二個兒子S之前，在那裏工作了約七個月。

在我預產期前約三週，在一次產前檢查後醫生讓我去住院。我選的醫院是上海最好的婦產科醫院之一，我讀護理本科的時候，曾經在那裏實習過，我的大學同學兼好友燕也在那裏工作。我入院的第二天，醫生發現寶寶的心率有點異常，就讓我去產房做催產。我在那裏等待了約四天後，醫生幫我做了剖腹產。當時那家醫院不做硬膜外麻醉無痛分娩。因爲害怕生產的劇痛，也爲了對事情有更好的掌控，我請燕幫我找醫生給我做剖腹產。

手術當天，D被要求簽他讀不懂的同意書（中文版的，沒有英文版）。我妹妹從蕪湖來上海幫我們。在我出來幫D簽同意書後，我被帶回產房，不久後就被推進手術室。我很害怕，我害怕我不能活著出手術室。D不被允許進手術室。幸運的是，手術很順利，寶寶被從我的腹中取出。我聽到他的哭聲，不像R出生的時候那麼響亮。護士簡短地給我看了一下寶寶，我只看見寶寶的兩隻小腳。

手術後，我被帶回我的病房。我付了高價換到一間單人病房。剖腹產的麻醉消退後，我感到劇烈的疼痛。醫生沒有給我任何的止疼藥。嚴重的疼痛持續了幾天才好轉。我們給寶寶命名爲S，也是個愛爾蘭名字（我喜歡愛爾蘭的音樂和文化）。S在嬰兒室待了兩天後，被帶到了我的病房和我母嬰同室。我開始了母乳餵養，也很成功。

在我生S之前，我們通過房產仲介，給我們以前買的公寓找到了一位買家。我們以接近買入價的兩倍價格賣出。當時我們持有這房子不到四年。我賣出的主要原因是我擔心我會因爲生孩子而像我生母那樣死亡。雖然這個風險很小，但是一旦發生，D就很難把房子售出並把錢帶出中國。他完全不懂那些複雜的程序。如果我們當時不賣這處房產並繼續持有，在未來幾年裏，這房子還會隨著中國房地產市場的畸形發展，價格翻幾倍達到數百萬美元，然而卻會是有價無市，很難脫手，在海外的我們會很難打理這處房產。所以這對我們來說是個正確的決定，我不後悔。

賣掉我們的公寓後，我在一位在一家證券公司工作的朋友的幫助下，把到手的現金投入了中國股市。當時的股市正連續上漲。儘管我讀過商學院，我卻完全不懂得股票投資。我的朋友給我介紹了一位股票經紀人指導我炒股。開始時我的投資組合表現不錯。但是從美國發生次貸危機（subprime mortgage crisis）後的二〇〇八年開始，中國的股市也掉頭向下，我損失了投進去的近一半的資金，我們從房產投資上掙來的錢被抹平了。我過度天眞，不該把自己的錢託付給別人幫我打理，根本的原因卻是貪婪。這是一個巨大的錯誤，我付出了高昂的學費。D對我倒是很寬容，並沒有責備我。

在我休完產假後，我決定辭職。我想和我的寶寶們有更多的時間在一起。那時的上海物價上升了很多。然而D找到了一份報酬優厚的在蘇州（與上海相鄰的歷史名城，中國改革開放後，也成功地轉型成一個發達的工業城市）的合同工作。

在S約四個月大的時候，我婆婆從舊金山飛來看我們，特別是新添的小孫子。她當時在做化療的週期之間。她感受到副作用，覺得累。看到兩個小孫子，她非常高興。我帶她去了人山人海的上海城隍廟。我還帶她登上了東方明珠電視塔來遠眺上海的全景。看著一望無際的高樓大廈，我婆婆說了句「Intimidating！」（嚇人），她被嚇著了。上海的大多數老房子都被拆了，在原地造了高樓大廈，作爲商務樓或高檔公寓用於商務或供人居住或投資。傳言道，某一時段全世界約四分之三的建造高樓的吊車等建築器材，都聚集在上海的工地上。類似地，此類建築工程也遍佈中國各地的城市，包括蕪湖。老房子被拆掉，大好的農田荒廢，都被賣給房地產開發商，到處建造公寓樓或商務樓，房價持續飆升。

我們也帶我婆婆去我家附近的一家海鮮餐館用餐。我們還給她在浦東的金茂大廈，訂了一間可以看外灘夜景的酒店客房。兩週後，我婆婆回美國了。在她回去前，我帶她去浦東某地鐵站的商品市場，她很喜歡和商家討價還價，並買了些小禮物帶回美國去送人。

D開始坐地鐵和火車去蘇州工廠上班，週一出發週五回來。我在蘇州邊上的小城崑山租了處有三間臥房的公寓，在一樓，有個小院子。我們在S約八個月大的時候搬到那裏去了。我給D買了輛車方便他上下班。因爲嚴重的污染，空氣質量很差。因爲霧霾，天空常常是橙色的。陶大媽在我們的小院子裏種了蔬菜，她留著孩子們的小便兌水做肥料澆菜，中國的農民數千年來都是這麼做的。然而D發現了卻覺得很驚訝。

R兩歲半了，卻只能說幾個單詞。我有些擔心。我帶他去上海和南京看專科醫生，但是他們沒有給出明確的診斷。我讓R上了當地的一家幼兒園。R喜歡往外跑。有一天他趁我和陶大媽忙於照看S的時候溜出去了。我們都沒有注意到。萬分幸運的是D恰好提前下班回家，發現R一個人在家門口，就把他抱回家了。如果D這時沒有回家並發現R，R很有可能會被別人抱走，在中國拐賣兒童時有發生。如果那樣後果不敢想像。D恰好回家抱回溜出去的R，是我一生最幸運的一件事。

到那時我已經停用精神科藥物近七年了。對R的語言發育的擔心，給了我很大的壓力。我好些天難以入睡，精神又錯亂了。我完全失去了方向感。孩子們看的卡通電視節目，在我聽起來很奇怪並可怕。在幻覺中，我相信我看到了上帝的背影，祂讓我跟隨祂。我完全糊塗了。我妹妹來看我，帶我們去了她在蕪湖的家。他們不能安全地在家照顧我，就把我送到了蕪湖郊外的一家精神病醫院。這是我因爲精神疾病第二次住進精神病醫院。

醫院的病房被鐵門鎖住。我記得我被他們綁在病牀上。我大聲地叫護士給我鬆綁，讓我去上廁所解小便。護士不理睬，我只有尿在身上，那時快十一月了，身上弄溼了很冷。我也錯過了S的一歲生日。S當時還在吃母乳，因爲我突然住院，他不得不突然斷奶。幸運的是我們有我妹妹和陶大媽的幫助。D開車往返於崑山和蕪湖並失去了他的合同工作。當時對D來說尤其困難。他不會說中文，我妹妹的英語很有限。D幾乎沒有人能和他談心。我雖然以前告訴過他我有精神疾病，但他直到那時才知道這會是這麼糟糕。他也不知道我能否恢復，而我們的兩個孩子還那麼小。

吃了我以前吃過的一種非典型抗精神病藥後，我逐漸好起來了，並在入院二十多天後出院了。出院後，D把我和陶大媽及孩子們接回了我們在崑山的家。我每月去上海看精神科專科醫生，並換了我以前在美國製藥公司時吃過的、他們生產的一種副作用更小的藥。然而我的體重還是增加了許多。一年以後，我感到異常口渴，去看了醫生，被診斷爲二型糖尿病。醫生給我處方了治療糖尿病的藥。

D又開始找工作。幾個月以後，他有了一個回美國面試的機會。他去面試後不久被錄用了。工作地點是美國新澤西州北部的一個小城市。我們用賣房子獲利後投到股市損失後剩下的錢買了回美國的單程機票。我們告別了我父親、妹妹一家和陶大媽。最初，我們計劃經停舊金山去看我公婆。但是當我們到上海機場要出發時才發現S因爲是在中國出生的，中國政府要求認證國籍後才能出境。而我預先不知道有這個要求。我們不得已入住了一家酒店，並把機票改爲直飛紐約市。一週以後手續辦好了後我們才得以成行。在二〇一〇年三月，我們一家四口告別上海回到了美國。

在我們離開時，中國因爲改革開放的政策和中國人民的勤勞，有了長足的發展，已經成爲了世界上經濟比較發達的國家之一，儘管在中國某些地方的不少人還是很窮困。

第二十章

我們從上海飛紐約的旅途頗爲艱難。一上飛機，R大哭起來，過了很長時間才停下並安靜起來。後來，他又在飛機座位下面爬行，我要去追他。飛機飛行了十幾個小時，著陸時S又吐了我一身。終於我們到達了紐約市的甘迺迪機場。我朋友L的丈夫前來接我們，並開車帶我們來到他們在紐約郊外斯鎮的家。我們在他們家住了約一個月，期間D在新公司工作並去瑞典（Sweden）出過一次差。他在新澤西北部的瑪瓦（Mahwah）鎮租了房，我們搬去了那裏並安頓了下來。

四歲了，R仍然說不了太多的話。我的朋友L建議我聯繫我們當地的學區來給他做評估。她的兒子被診斷有自閉症（autism）並在接受特殊教育服務。我趕緊聯繫了我們的學區，R做了評估。一位專科醫生診斷R在自閉症譜系上。學區認定R符合資格接受

第二十章

特殊教育服務。當R在接受評估時，老師們發現兩歲多的S也說話也比較少。他們建議我們聯繫早期干預機構。很快，早期干預的老師開始到我們家給S上早期干預的課。在R的學校服務以外，我又自費找到了一位BCBA（ABA治療師），她和她的助手給R做ABA（應用行爲分析法）治療。不久，S滿三歲了，他開始在我們的學區上半天的特殊教育學前班。

我們又很幸運了。新澤西恰好是美國給自閉症孩子們提供最好的特殊教育的州之一。因爲接受了恰當的干預，R和S都有了很大的進步。他們兩個都能開口說話了。S從學前班畢業時，已經被認定不再需要上特殊教育班，可以上普通的小學了。R也不需要上專門的針對自閉症孩子的特殊教育班，可以上針對多種失能孩子的特殊教育班了。

我看了家庭醫生，吃該醫生處方的治療糖尿病的藥和抗精神病藥（與我在上海時吃的同一種藥）。該抗精神病藥使我有些嗜睡，早上孩子們上學去了的時候我就睡覺。我沒有工作。照顧兩個年齡尚小的孩子夠我忙的了。

在這家公司工作三年後，D換了位經理。他與這位經理相處不好便辭職了。八個月以後，D才在新澤西中部找到了新工作。剛開始，D週一到週五去那裏工作，住旅店，週末回家。那裏離家單程約兩小時車程。夏季開始後，我們打算搬到離D工作地點比較近的地方。通過R的私人ABA治療師，我找到了一位對新澤西中部學區特殊教育服務比較瞭解的顧問（consultant），採用了她的諮詢服務，她來觀察了R在我們學區的課，然後給我們推薦了一些新澤西中部的學區。我便開始在房地產網站Zillow上尋找出租房。我找到了幾處，D去看房，看中了一處有三間臥室的房子，這裏在普林斯頓（Princeton）北邊，離著名的普林斯頓大學只有十五分鐘車程，離D工作地點也只有二十多分鐘的車程。很快我們就都搬來這處新家了。

我們都很喜歡新家，這是一層樓的平房，前院很大，後院被籬笆圍起來。後院裏還有一個放雜物的棚屋，D喜歡在那裏讀報紙、聽收音機。

D和我相處很融洽。我的英語很好，我們幾乎沒有溝通方面的障礙。有一回我們發生了一個有趣的誤會。我們開車路過一處有「溼T恤比賽」（wet T shirt contest）標牌的建築物。想到D在夏天經常穿溼T恤衫消暑，我告訴他他如果參加可能會贏得比賽。D笑死了，他告訴我溼T恤比賽是女性秀身材的比賽，我完全一無所知。

和很多女性一樣，我可以同時做好幾件事。而D卻是一次只能做一件事。當我在

第二十章

一次談話中交待給他幾件事的時候，D就會不堪重負。我不知道爲什麼，直到我讀了Allan 和Barbara Pease寫的書《爲什麼男人不能聆聽，而女人不能讀地圖：我們是如何不同並要怎麼做》（Why Men Don't Listen and Women Can't Read Maps: How We Are Different and What to Do About It」）。我開始一次只跟他講一件事，這看來很有效。

D不喜歡旅行，我們大多數時間是宅在家裏。我們只帶孩子們去附近的地方去玩。D教孩子們在附近的池塘和小河裏釣魚。我們沒能再去北加州看望我的公婆。我婆婆的癌症復發了。她不再能夠照顧戴爾了。不得已之下，戴爾被送到當地的護理院，他在那裏去逝了。我婆婆心碎了。白髮人送黑髮人乃人生一大悲傷之事。不久，我婆婆也因爲肺癌離世了。

我的新的家庭醫生建議我去看精神科專科醫生。該專科醫生診斷我爲雙相情感障礙I型（bipolar I disorder）。他通過給我處方藥物來管控我的精神疾病。我問他能否給我換體重增加副作用小一些的藥物。他給我換了種新藥。

我們搬進新家後不久，孩子們上了當地的學校。學校很好，有著非常好的特殊教育服務。S上完kindergarten，老師發現他有注意缺陷。他的老師們給他用了很多辦法來

第二十章

幫助他集中注意。當他上四年級的時候，我帶他去看了我的精神科醫生，醫生給他處方了幫助注意缺陷的藥物。在五年級時，學校的孩子研究團隊（child study team）認爲S有亞斯伯格綜合症（Asperger's Syndrome，一種高功能的自閉症），在社交方面有些困難。不管怎樣，在特殊教育的幫助下，R和S至今都在進步。他們是非常好的孩子。我深愛他們。

孩子們繼續成長。他們很有愛心並富有幽默感。R喜歡大自然。他也喜歡畫畫。他有一種善於把壞事變好事的態度。有一天，D捉到一隻甲殼蟲給孩子們看，然後再把它放回後院。S擔心這隻甲殼蟲，我聽到R對S說：「不用擔心，它會找到它的眞愛的。」

S學習新概念比較快，他喜歡科學和電腦遊戲。他想要組建一個「保護動物團隊」，卻不知道要怎麼去做。有一天他問我「我會出名嗎？」，我跟他講了出名的好處和壞處，也不知道他是否聽懂了。有一天我身體不舒服，S給我拿來個枕頭並問我要不要喝熱蜂蜜水（他生病的時候常喝的）。他說：「媽媽，我會在你邊上，萬一你需要什麼。」好甜蜜呀！

孩子們的關係很好，他們相互陪伴，一起玩耍。我希望他們成年以後還能相互扶持。R繪畫很好，S喜歡音樂，拉小提琴。他們現在長得比我和D高得多了。

住在這裏一兩年後我們打算買房。我們知道房東也打算賣我們租住的這所房子。我們找來當地的房屋仲介看了幾處房子，比較下來我們還是最喜歡我們住的房子。我們聯繫了房東。這所房子建於一九五〇年代末，房價適中，我們可以負擔得起。議價時房東同意降價幾千美元，正好用於更換開始漏雨的房頂。我們買下了我們租住的房子，也避免了搬家的麻煩。

我們在美國擁有了房產。我們種了一棵桃樹，一棵櫻桃樹，還在後院種了黑莓。幾年後我們得以享用黑莓和櫻桃。我買了臘梅花樹，種在了門前的花圃。臘梅花在我長大的長江中下游地區很常見，在隆冬的一月會開黃色的小花，很香。我會剪下一些帶花的枝條插在花瓶裏，擺在我的辦公桌上，享受臘梅花的幽香。

我們從當地動物保護機構領養了一隻雌性貓咪。D愛貓。我的阿婆（祖母）生前也愛貓。她很快長成了一隻重十二、三磅的大貓。D把她養在室內。她給我們，尤其是孩子們帶來很多快樂，我們都很喜歡她。

我有了一臺智能手機。在朋友的建議下，我下載了中國流行的社交媒體應用微信

（Wechat）。這使得我可以很容易地與我在中國的家人和朋友們保持聯繫。我會通過微信每週和我妹妹及我父親視頻通話。

我也加入了一些微信群，如高中、大學、商學院同學群等。我和我的朋友們在這些群裏聊天，我也和一些朋友們單獨聊天。我的一位擅長寫作的高中同學鼓勵我寫作。我說我不會寫。他告訴我會說話就能寫作。受到他的鼓舞，我開始寫博客文章。我的一位大學同學建議我到文學城（海外最大的中文網站）上去開博客（wenxuecity.com, blog）。我在那裏開了博客並開始寫我的生活故事，這些博客文章也成了本書的基礎。結果我的寫作還不錯，有了很多讀者，我還和其中的一些讀者成了朋友。

中國的領導人習近平上臺後，中國加強了對人們言論的管控。他們大力審查人們在網絡上的言論，包括微信上的。我加入的一些群因爲談到中國政府認爲敏感的內容而被關閉。爲了避開審查，中國人創造性地使用中文，常用諧音字詞來代替那些敏感詞。習近平還修改中國的憲法，取消了鄧小平開設的最高領導人兩屆（每屆五年）的任期限制。這是倒退回毛澤東時代的領導職位終身制的一大退步。中國政府也鎮壓基督教家庭教會，我的一些信基督教的朋友受到壓迫。而年輕一代的中國人中很多被洗腦，對中國共產黨還是比較擁護。我認爲中國走向民主的道路還是很漫長。

因爲與美國公民結婚，我拿到了有條件的綠卡（conditional green card）。兩年以後，我拿到了正式的綠卡，成爲了美國的永久居民。在我們二〇〇七年去中國工作和居住前，我沒有申請回美證（re-entry permit），我的綠卡失效了。在二〇一〇年我們回到美國後，我又重新申請了綠卡。二〇一四年，我符合資格加入美國國籍了。我提交了申請並依從了所需的程序。我的入籍面試被約在了那年五月的一天。

我花了時間學習美國公民歸化考試的學習資料，這包括對美國政治體系和歷史的介紹。它教我們瞭解美國的憲法，沒有人能夠凌駕於法律之上，包括政府。這和中國很不一樣。在中國，中國共產黨領導一切。我用心地學習，到臨近面試時，我準備好了。

面試那天天氣晴朗，我穿了黑色的短袖上衣和套裝，看起來很正式。我把孩子們送上學以後，D開車送我去在New Brunswick的火車站坐車去紐瓦克（Newark）。

從紐瓦克火車站，我步行到聯邦辦公大樓。通過安檢以後我來到了等候室。等候室裏滿是各種不同種族背景的人。我到得比較早，等了很長時間，直到一位官員叫了我的名字。該官員是位五十多歲的白人男性。他帶我去他的辦公室。我宣了誓。他複印了我的中國護照，並讓我提交了我的稅單。他讓我讀一個英文問題，並讓我在一張紙上寫出對這個問題的答案，來測試我讀寫英文的能力。然後他問了我公民歸化考試的六個問題，我都答對了從而通過了考試。他又問我，如果需要，我會不會保衛美國，我回答是的。他又問我選舉，我說我會行使我的投票權。該官員恭喜我通過了面試，讓我在一些文件上簽名，然後帶我回到等候室等待參加公民歸化的儀式。

等候時，我被給予一面小小的美國國旗和一個裝有來自歐巴馬總統（**President Obama**）的歡迎信的大信封。很快舉行儀式的時間到了。一位官員讓我們聽了一首愛國歌曲並看關於移民的視頻。當我看到不同時期來自世界不同國家的移民來到美國並成爲美國公民時，我感動得熱淚盈眶。我們唱起美國國歌星條旗永不落（**Star Spangled Banner**），我們宣讀誓言，宣誓將效忠於美國。我收到了我的公民歸化證明書，並正式成爲了一位美國公民。

第二十一章

當孩子們長大了，我想找工作做。我申請了一些工作，也有過幾次面試，但是我沒有被錄用。我甚至去了紐約市去面試。在我家附近有去紐約市的公交車（bus）。但是從我家這裏坐公交車去紐約單程就要一個半小時。這樣去紐約工作不是很現實。我拿到了幾個可以在家做的市場調研的項目，但是這樣的工作機會不好找，不能提供穩定的收入。我也嘗試考NCLEX美國註冊護士考試，但是教育背景認證的程序很複雜，我不能從中國拿到需要的一些證明文件。我在中國推出護士執照之前就退出護理行業了，所以我沒有拿到中國的護士執照。

我仍然不敢開車。左轉時我會花太多的時間，會使我後面的人失去耐心。因爲不能開車，我在美國所能做的工作就很有限。

第二十一章

有一天，我在文學城的博客的一位讀者給我留了言，告訴我因爲我中英文都很好，我可以考慮做翻譯工作。我聯絡了他，問他怎樣可以找到翻譯工作。他告訴我去Proz.com去註冊。這是一個聯接翻譯和需要翻譯服務的客戶的網站。我去那裏註冊了，但是我並沒有拿到多少翻譯項目。一年以後，通過這個網站，我收到了美國最大的電話口譯公司的招聘電子郵件。這是一個眞實的可以在家工作的工作機會。我很感興趣並按指導申請了這份口譯工作。這家公司的招聘人員和我進行了電話面試，並教了我口譯的一些基本原則。我參加了考試。幾天以後他們通知我我通過並被錄取了。

經過幾天的培訓，我開始在家做普通話（國語）電話口譯工作。我接到幾乎不停的電話。我接到各種各樣的電話：銀行，保險公司，百貨公司，電力公司的客戶服務電話，還有911應急電話。公司的質量保證部門會監聽我們的電話，我定期收到回饋電話幫助我提高。

當我申請這家公司的時候，我也同時申請了口譯行業的其他幾家公司。我依從了他們的招聘程序並參加了考試。其中一家公司給了我更高的薪水，來加入他們做遠程視頻口譯（video remote interpreting）工作。我很高興地接受了，並辭去了在那家電話口譯大公司的工作。在新公司，我接的視頻電話絕大多數是醫療方面的電話。醫生或護士在裝在架子上的**iPad**上點擊我們的平臺，這些電話會被接入我們的工作站，我們接聽這些視頻電話幫他們做口譯，幫助他們與英語能力有限的病人和家屬克服語言障礙而有效溝通。

有一天，我接到一個電話。一位中國女性來醫院做人工流產。在美國，醫療服務的提供要遵循一定的程序，在這個過程中，病人會被充分告知要做的每一個步驟，充分知情。即便是像人工流產這樣的小手術，醫生會來給病人解釋手術，其好處和風險和替代辦法。病人需要根據自己對這些內容的理解簽署同意書。麻醉師也要來和病人談話並讓病人簽麻醉同意書。這些過程可能比手術本身花的時間更長。

在這個電話上，護士來問了病人的病史和家族史，她也問了病人是否對任何東西有過敏。麻醉師和醫生都來和病人談了話。我忠實地做了翻譯。

在醫生走後，我們在等待護士來給病人在去手術室之前打靜脈針。我們等的時間有點長。病人開始和我說話。她說美國醫院的程序很複雜。如果她去中國城的醫生診所，做人工流產前後只需要十幾分鐘就結束了。她告訴我她已經有了兩個兒子。這次是意外懷孕。她的丈夫和婆婆並不希望她把孩子打掉。我只是禮貌地聽她說，作爲翻譯我不能給病人提供任何建議。她說著說著猶豫起來。我告訴她等護士來了告訴護士。當護士來了，我給病人如實翻譯了。護士說她需要向醫生彙報。

醫生來了並耐心地給病人講了她有哪些選擇。這位女病人當時懷孕八周，醫生告訴她如果她回家後又改主意了的話，她總是可以再來做人工流產。醫生告訴她胎兒是健康的。如果她願意，可以把寶寶生下來，並指出她有百分之五十的機會生個女孩。聽說可能生女孩，病人很高興，更想保留孩子了。病人對醫生很滿意，並表示她想找這位醫生做產前檢查。

這個故事有了個好的結尾。因爲有了完全的溝通，一條寶貴的小生命被保住了。我很高興能夠作爲一位翻譯參與幫助這一過程。我依從了翻譯的倫理準則，保持著中立，幫助病人克服語言障礙與醫務人員能進行有意義的對話，並且根據自己的意願作出選擇。在美國，多數醫院和診所給病人提供免費的翻譯服務。

這只是我日常工作的一個例子。兩年以後，我在這家公司成爲了一名全職員工。通過這份全職工作，我得以給我們全家買了健康保險。我後來又簽約了幾家電話口譯公司的合同工，當我不在全職公司工作的時候，我會登入這些電話口譯公司，再做些零工貼補家用。

我全職工作的這家視頻口譯公司，可能擁有行業中最好的技術和平臺。它可以以較小的頻寬（bandwidth），支持高質量的穩定的視頻通話。視頻口譯比較接近於現場口譯，但是更靈活，所以受到我們客戶的歡迎。他們可以按需給我們打電話，我們一天二十四小時、一週七天提供服務。我們公司有一支強大的技術支持團隊，來維護和更新我們的平臺。當我們口譯員遇到技術問題時，我們可以打電話尋求技術支持團隊的幫助。他們有時會遠程進入我們的電腦幫助我們解決問題。我們公司的業務發展迅速，在短短幾年裏，單單我所在的普通話（國語）和廣東話團隊就擴大了很多倍。

遠程工作的最大好處是可以在家上班。這對我尤其合適，因為我不能開車而且有上學年齡的孩子們。這可以節省上下班花在路上的通勤時間。當我加入時，我提出來我希望工作的時間，經理和排班的人審覈和批准後，我就有了自己的工作時間表。我選擇的時間是孩子們在上學的時間。孩子們放學時我便下班了，可以去接他們。儘管我工作的時間是比較忙的時間，但是我可以照顧並陪伴孩子們。我們的工作時間也有一些靈活性。當我們有事需要請假的時候，我們可以按照公司的規定請帶薪假期。我們也可以和隊友換班。如果我們需要搬到別的城市，我可以搬到美國的任何一個州而依然能在我公司工作。

與別的遠程口譯公司不同，我工作的公司有著極好的團隊合作文化。儘管我們都遠程工作，我們使用Microsoft Teams軟件（software），來保持和隊友及管理層的聯繫和溝通。我們有Teams頻道，用來分享醫學詞彙、關於某些疾病的知識和一些有趣的例子（去除了能識別個人的信息，依從美國HIPAA 保密法規）。我們的經理開通了一個「茶水間」（watercooler）頻道，供我們分享笑話或談論與工作無關的有趣話題。有一對雙胞胎兄弟同在我們公司工作，他們幾乎每天都會在「茶水間」頻道發笑話和趣事。我有一位來自臺灣的同事擅長寫古體詩，受他啓發我也開始學寫這些古體詩（我會收集其中的一些放在本書的附錄裏與讀者分享）。在二〇二〇年新冠病毒（Covid-19）疫情開始肆虐美國的一段時間裏，我們的電話量大大減少了，我們便經常光顧「茶水間」頻道並有了許多開心時光。有一段時間「茶水間」裏充斥著關於疫情期間廁紙短缺的笑話。

我們也和同事們單獨在Teams chat裏聊天。有時候我們也會和經理開視頻會。我和一位居住在鄰近的賓夕法尼亞（Pennsylvania）州的同事還見過好幾次面。我和我的一些同事雖然從未謀面卻成了好朋友。在那些我簽合同的電話口譯公司，我就完全不與同事有任何接觸。

如前所述，我的工作是幫助英語能力有限的、說普通話（國語）的病人和家屬克服語言障礙，和說英語的醫療服務提供者（醫生、護士等）進行有效溝通。需要我們幫助的英語能力有限的人，包括來自中國大陸的旅遊者、留學生、病人（專程來美國就醫的人）、新老移民等。也有來自臺灣、香港或其他國家和地區的人。他們經常是老年人（也有年輕的人）。使用合格的醫療口譯員，比使用家人或朋友來做翻譯會更好，更準確和中立。我們公司的口譯員加入公司都要經過考試，是合格的醫療口譯員。我們需要依從口譯行業的倫理準則。我們有些口譯員還經過美國國家級別的認證機構認證。我也通過了筆試和口試，成爲美國國家醫療口譯員認證機構NBCMI認證的、有證書的醫療口譯員（CMI）。

我們大多數的電話是普通的看家庭醫生的門診、急診、看專科醫生，或者手術同意書的簽署，出院指導等。我們有時也會接到通常比較長的產婦生產的電話。在翻譯「深吸一口氣，屏住呼吸，用力」很長時間後寶寶終於出生了，我會感到很高興。有時候我們也要告知病人或家屬壞消息，例如診斷爲絕症的消息，通知死亡或腦死亡，或者探討臨終關懷照顧等。這些在感情上會比較困難。

這份工作要求我們集中注意力，然而，當我們登出下班後，我們就不需要再擔心什麼了，就沒有壓力了。做醫療口譯的另外一大好處是，我們可以看到各種病例，我們可以學到醫療方面的知識，並瞭解美國醫療體系是如何運作的。

我們公司服務的最大的語種是西班牙語。普通話（國語）和廣東話也是需求量高的大語種。我們有廣東話團隊，和普通話團隊共用Teams頻道。我們是一個大的團隊。美國的多元化推動我們業務的發展。我很高興能和公司一起成長。見證我們的成功。我愛我的遠程口譯工作。

我們的生意沒有像一些別的行業的生意那樣，受到新冠病毒疫情（Covid-19）的嚴重打擊。我在整個疫情期間沒有失業，而同期美國有數百萬的人失業。我的工作是完全遠程的，在家工作使我能夠減少接觸病毒，大大降低感染病毒的機率。我是位幸運者。

第二十二章

自從我上一次在中國雙相情感障礙（躁狂抑鬱症）發作，我來到美國後，在新澤西北部的家庭醫生的照顧下繼續服藥。我們搬到新澤西中部後，我在新的家庭醫生的建議下，定期看一位精神科專科醫生。應我的要求，我的精神科醫生給我換了一種對體重影響較小的非典型抗精神病藥。

吃這個藥時，我睡得不是很好。我有時候會有衝動購物。我在網上買了些我不需要的東西。然後我抑鬱了。有一些事可能觸發了它。我擔心我小兒子S的注意缺陷（attention deficit disorder）問題，我剛就此和學校開了會。我也在做紐約市的一家筆譯公司給我的、一個很麻煩的筆譯項目，翻譯三百張中國人的由中國政府頒發的身份證的複印件。這個項目非常簡單，但是很麻煩，我需要很小心地正確輸入門牌號碼等信息。

第二十二章

這不是我的長處。我高估了我的產出，結果我發現我不能在截止日完成這個任務。我感到有壓力。

我也開始對我丈夫D的行爲敏感起來。我變得多愁善感。我會因爲讓我不快的小事而哭泣。我失眠並頭痛。我的抑鬱好像是一副有色眼鏡，扭曲了我對我周圍世界的認知。我更加注意到了事情的負面並把它放大。

我開始有自殺的念頭。我感到活下去太痛苦，死去會是一種解脫（這些是我當時的眞實感受）。爲了我年齡尙幼的孩子們，我不會採取行動來結束我的生命。然而，自殺念頭反覆縈繞於我的腦海。在我還沒有完全失去控制之前，我在網上查找了防自殺的幫助熱線並打電話求助。一位經過培訓的有經驗的志願者和我通話。我告訴她我無法和我丈夫溝通。我一邊說一邊哭。這位志願者靜靜地聽我訴說，不時地跟我說一些鼓勵和支持我的話。能和人傾訴感覺很好。

D注意到了我的異常行爲，他叫我給我的精神科醫生打電話。我也意識到我需要醫生的幫助。我拿到了第二天的預約。D開車帶我去醫生診所，醫生調整了我的藥物，並加了一種能夠更好地幫助我改善睡眠和抑鬱的藥。

我回家後按醫生的指示服藥，十來天後我的情況改善了。在藥物的幫助下我走出了那次抑鬱。生活繼續著，一如既往，並沒有大的改變。她依然有著諸多不完美，但是卻不再困擾我，我又能夠應付並坦然接受這些不完美之處了。

抑鬱症（depression）和雙相情感障礙（bipolar disorder）是可以治療的疾病。它們是由大腦化學物質失衡等原因引起的。現代藥物可以幫助恢復其平衡。一旦恢復了平衡，各種症狀就消失了。當我們走出抑鬱，我們要能接受我們自身和周圍世界的不完美。我們要能夠客觀地看問題，並且不放大事物的負面。

爲了不誤導我的讀者，我特意避免提到我服用的藥物的名稱。每個人的情況是不同的。如果你有類似的疾病，最好和自己的醫生探討，並找到最適合自己的藥物和其他治療。

我遇到過有看醫生卻不按醫生處方服藥的人。他們過度擔心藥物的副作用。醫生們是訓練有素的、在他們的領域裏富有經驗的專業人士。在美國上市的藥物，也都經過嚴格的測試和臨牀研究。上市後這些藥也還被嚴格監管。如果有嚴重的副作用被報告並經過調查，任何不安全的藥物會被從市場上撤銷，來保證病人的安全。

第二十二章

當我們去看醫生，我們和醫生要形成信任的關係。爲了治療疾病，病人需要依從醫生的治療方案，包括用藥和做生活方式的改變，這後者往往更加難以達成。用藥通常更容易。我見過很多人寧願相信他們朋友們的道聽途說，而不相信有經驗和受過嚴格訓練的健康專業人士。

我妹妹近來告訴我，她有一位四十多歲有高血壓的朋友。她在近期的一次聚會上遇到他並和他說過話。他說他的血壓很高，高壓在一百六十到一百七十左右。我妹妹問他有沒有吃降血壓的藥，他回答說因爲擔心副作用、沒有吃藥。在那次聚會後不久，我妹妹聽說他因爲腦幹出血而昏迷不醒。他現在非常有可能已經去逝了。如果他吃藥控制了血壓，他可能還健康地活著。他所擔心的副作用非常可能微不足道。

我也用藥控制我的二型糖尿病。我每天注射胰島素，並吃一些口服降糖藥。我的糖尿病控制得不錯。因此，儘管我在十多年前就被診斷爲有糖尿病，我卻沒有任何糖尿病併發症（complications）。有一回我請來一位油漆工，來油漆我的居家辦公室的牆。他是位三十來歲的年輕人。他告訴我他有一型糖尿病，但是他使用胰島素泵，從而可以過正常的生活，享有較高的生活質量。現代醫學在治療那些曾經是致命的疾病方面有很多奇蹟。

在服用精神健康藥物的方面，病人的依從性往往更差。很多病人認爲他們只是在生活中有些壓力，他們認爲自己沒有疾病，不需要服用會有副作用的藥物。如果醫生處方藥物，病人應該相信醫生的專業判斷而服用藥物以獲得好轉。雖然改變生活方式和認知模式也很重要，但是在精神疾病的康復過程中，按醫生處方服藥往往是重要的第一步。然後去看心理治療師，做認識方面的改變就會有幫助。服藥後，如果因爲副作用而感到不適，病人可以找醫生來調整藥物的劑量或種類。給精神藥物一些時間來起效也很重要（有些精神病藥物需要服用一到兩週才會起效）。

在我從我短暫的抑鬱中康復後約八個月，美國二〇一六年的大選已經進入決定階段。我支持希拉蕊・克林頓（Hillary Clinton）。我認爲她很有能力，有著傑出的履歷。我希望她能夠創造歷史成爲美國史上第一位女總統，打破玻璃天花。我收看CNN，聽她的演講。我也給她的競選團隊捐了款。

我在微信上參加了幾個跟政治和大選有關的群。群裏的人基本上都是陌生人，他們愛對大選做辯論，發表意見。我有時也會發言。很快地，我在一些群裏感受到了來自右

第二十二章

翼人士的敵意。每當我發言支持民主黨，我就收到惡意攻擊。我太投入了，這些攻擊對我有了消極的影響。我受了刺激，我的思維變得越來越快，停不下來。我失眠了。我當時吃的藥也不夠強，不足以防止雙相情感障礙（Bipolar disorder）的復發。等到我想到去找我的精神科醫生，已經太晚了。我的病在大選當天嚴重復發了。我沒能投出本來會是我一生中的第一張總統大選的選票。

我的思維完全混亂了。D打了911急救電話。我被帶到醫院的急診部。我失去了記憶。我不記得在那家醫院裏發生的事情。我後來又被先後轉到另外兩家醫院，並最終住進了在新澤西中部南端的一家精神病醫院。這是我第三次住精神病醫院，第一次在美國住精神病醫院。我不知道爲什麼這些醫院沒有聯繫我的精神科醫生。他們給我的藥物對我無效。我在醫院裏度過了感恩節，而我卻完全沒有記憶。

直到接近聖誕節了，他們才最終給我用了以前一直對我有效的那種非典型抗精神病藥（Atypical antipsychotic medicine）。我逐漸開始清醒。那家精神病醫院在節日期間格外地忙。醫院裏人手不夠。醫院裏收了很多新病人。他們中有些人很焦躁，不停地罵人。有一位女病人告訴我她很富有，並在紙上寫下她的地址給我。我交給了護士（按醫院規定我不能拿別的病人的地址）。隨著我的好轉，我卻不能在醫院裏入睡。夜裏，走廊裏的燈光很亮並照進我的病房。每隔十五分鐘，一位工作人員就會用手電筒往我和別的病人身上照射來防範自殺。他或她會在一個大本子裏做記錄，每次翻頁都會發出很大的響聲。我幾乎不可能睡著。在我出院的數月以後，我才在精神藥物和助眠藥的幫助下恢復了睡眠。

隨著我的好轉，我被要求參加小組治療。這些對我卻沒啥用處。我跟不上治療師。我開始給我丈夫D打電話。他從公司請了假來照顧當時才九歲和十歲的孩子們。我那麼長時間不在家，對D和孩子們來說很困難。我記得D來醫院看過我幾次。我的巴哈伊（Baha'i）朋友和鄰居T也來看過我幾次，並給我帶來了醫院允許的護膚乳液等個人護理用品。我在白天的時候有時會有恐懼發作，醫院裏也給我用抗焦慮藥。

我想要離開醫院回家。主管病區的醫生卻要讓我住院住更長的時間。從其中一位醫生那裏，我得知我可以要求上這家精神科醫院的法庭，向法官陳述我的要求，由法官聽取各方意見，再裁決我是否可以出院回家。我告訴了我的社工（social worker）我想上法庭。醫院每週五有法庭。出庭當天，D也來了。聽了我的案子後，法官判決我可以回

第二十二章

家。我終於在二〇一七年一月初的一個下雨天、在住院五十多天後出院回家了。

我出院後，醫院安排我在普林斯頓的一家門診行爲健康中心，參加了爲期一個半月的小組心理治療。我在那裏遇到了一位精神科醫生。她給我推薦了另一種更新的藥物。我還是覺得小組治療對我沒有太大幫助。小組治療結束後，我又開始看我原來的精神科醫生。我向他詢問了行爲健康中心的精神科醫生推薦的藥物。我的醫生說這是一種很有效的藥物，而且對體重影響不大。他給我換了這種藥。這的確是個好藥，我幾乎感覺不到任何副作用。

D的公司沒有尊重D請假照顧生病家人的權利。在我出院後不久，該公司就終止了對D的僱傭關係。這是一段非常困難的時期。我還不能工作，而D又失業了。我向我的朋友們求助。很多朋友給我們寄來了支票。我的商學院同班同學們籌集了約兩萬美元，並分數次通過我妹妹給我們匯款過來。這些幫助和支持，幫我們一家度過了這段非常困難的時期。

第二十三章

後來，我回到視頻口譯公司工作。我開始時減少了工作時間。隨著我進一步好轉，我恢復了原先的工作時間表。D繼續失業，除了期間有一份短期的合同工作。他不願意到需要搬家的地方去工作，他希望孩子們能繼續在原來的學校和朋友們在一起。在當地找工作不容易。我一週工作七十多個小時。我在全職的視頻口譯公司一週工作四十小時常規的工作時間和二十小時的加班。我還在簽約的幾家電話口譯公司，做十幾個小時的電話口譯。我在全職工作的視頻口譯公司申請改了工作時間表，以便我可以做視頻口譯和電話口譯兩份工作。這樣我能夠掙得足夠的收入養活一家四口。雖然工作時間很長，但是我每隔兩到三小時會休息十五分鐘，我會去牀上躺下休息腰背，這很有幫助。

當D失去工作而我還沒有在視頻口譯公司轉爲全職工作之前，我們一家在

第二十三章

Obamacare的健康保險市場（healthcare marketplace）購買了健康保險。不管有些人怎樣詬病Obamacare，它幫助了很多和我們處境類似的人獲得健康保險。

當我長時間地工作時，D包攬了家務。他負責買菜、做飯、洗衣、打掃衛生和其他的雜事。D也很會維修家裏的東西。我們的舊烤箱壞了。我們從亞馬遜（Amazon.com）上購買了一隻新烤箱。D自己安裝了新烤箱，省下了可觀的安裝費。D做飯也很上心，經常翻新花樣，爲我和孩子們做出可口的飯菜。當孩子們在疫情期間在家上網課的時候，D會督促他們學習和做作業。D和我是共度艱難時期的好搭檔。

我妹妹一家在二〇一九年一月曾經從中國來看我們。他們來美國一趟很不容易。他們要到位於上海的美國領事館去面試辦簽證。我按照網上找到的範例，給他們寫了封邀請函。幸運地，他們通過了面試並拿到了赴美簽證。我妹妹、妹夫和他們的女兒R來到了美國。D不願去紐瓦克機場接機，他們便打了Uber從機場來到我家。我見到他們非常高興。我已經和他們分別九年了。R從一個小女孩長成了一位美麗的大姑娘。我妹妹告訴我，陶大媽和她的家人皈依了基督教。在帶大她的小孫女後，陶大媽繼續在蕪湖市幫傭。

這是我妹妹一家第一次來美國，他們只能待十天時間。我幫他們通過一家華人旅行社，預定了兩個短途旅行。他們去遊覽了尼加拉瓜大瀑布（Niagara Falls）、費城（Philadelphia）和華盛頓特區（Washington DC）。我請假帶他們去紐約市玩。那幾天天氣非常寒冷。他們不在旅行的時候就住在我家。他們在我家小區裏走了走，很喜歡我們這裏的環境。我也帶他們到一家奧特萊商場（Outlet malls）去購買品牌衣物，這些商品在中國的售價很高，在美國買就便宜多了。D做了美國美食給他們吃，例如烤火雞和燉鹹牛肉。他們都很喜歡吃。R還帶了作業來做，因爲她是高中生，即將高考（考大學）。很快他們就回中國了。我妹妹說等她女兒上了大學以後，她還想再來看我們。作爲美國公民，我可以爲他們擔保申請移民，但是排期很長。我問妹妹要不要幫他們辦移民，她說不要了。她還是喜歡她在中國的生活。

我的公公在二〇一九年在他的三個子女的陪伴下平靜地去逝了。D沒能去加州參加他的葬禮。D悲傷了好幾天。後來D的姐姐給他寄來了他父親的一些遺物，D很珍惜。

在二〇二〇年美國總統大選期間，我沒有緊跟新聞也沒有參加微信和臉書（Facebook）上的群組。我在二〇一六年生病後，早已退出了那些充滿敵意的群組。我

第二十三章

提前收到了郵寄選票，選好後我早早地寄出了我的選票。我根據我的價值觀，投了我人生的第一張總統選舉選票。在中國我從來沒投票選舉過，因爲那裏沒有眞正的選舉。我支持更嚴格的槍支管控、同性戀婚姻和婦女獲得安全的人工流產的權利。我也支持開發和利用可再生能源，來減緩全球變暖的氣候變化以拯救地球。

拜登（Joe Biden）贏得了大選。然而，川普（Trump）卻不願意接受他競選失敗的現實。他聲稱這同樣的在二〇一六年讓他當選的選舉系統是被操縱的。他的許多支持者也相信他的說法，認爲有他們不能證明的大規模的選舉舞弊。美國的政治分裂著人們。我希望和我有著不同政治觀點的朋友和讀者能夠互相尊重。我希望我們仍然能夠成爲朋友。我希望到二〇二一年一月二十日當選總統能夠順利入主白宮（White House），讓美國的歷史翻過新的一頁。

我們幸運地生活在一個民主國家。我們選舉我們的政府官員。我們的國家不像一黨專政的中國。我們選民通過選舉可以有所選擇。如果我們選出的官員做得不好，我們可以用手中的選票把他們趕下臺。我們應該保護在這個偉大國家存續了兩百多年的民主系統。

我希望在疫情過後D能夠找到工作。在有了有效疫苗後，我希望疫情終會過去。不管怎樣，我會繼續努力工作來支持我的家人。我在服用新的、不怎麼影響體重的抗精神病藥。我每兩個月會看我的精神科醫生（如果需要，會提前看醫生）。每當我感覺有症狀，例如睡眠不好或思維比較快（思維奔逸），我會打電話給我的精神科醫生，來調整藥物的劑量（自從服用了這種新藥，我很少感覺到任何症狀）。到目前爲止，我已經有四年多沒有復發雙相情感障礙了。我每天都堅持吃藥。我希望我不再有復發。我希望我能夠一直工作到退休。

雙相情感障礙（Bipolar disorder）目前尚不可被治癒。然而我們有著有效的藥物能夠使它得到控制。像我在本書中說過那樣，每個病人的情況都是不同的，要找到自己可以信任的精神科醫生，並按醫生處方和指導服藥。我服用的藥物使我的大腦的化學物質保持平衡，讓我能正常地思維和行爲，能過正常的生活。它不影響我的智力或其他功能。我聰明並富有創意。我是一個充滿愛心、堅強並努力工作的人。我是一位好妻子、好母親、好朋友和好僱員。我並不因爲我有雙相情感障礙而感到羞恥。這只是一種很多人可能會得的疾病。這只是我生活中的一個挑戰。

我很感謝我的丈夫、我的孩子們、我妹妹、我的父親、我的公婆和其他夫家的親人、我的朋友和同事們。我以前的一位經理說過，我是一個堅韌、百折不撓的人。每次被困難摔倒，我都能很快更堅強地站起來。

雖然我經歷過很多困難，我依然感覺我是個很幸運的人。我得到了我一生中最想要的：我自己的家庭。我離開了我出生的國家，飛越太平洋並成爲了一位美國公民，追求生活、自由和幸福。我熱愛我的新的國家。我將在美國度過餘生。我希望我的孩子們能夠在這裏平安長大並過上幸福的生活。

我希望我卑微的故事，能夠給有著類似挑戰的人以一些啓發和鼓勵。我由衷地感謝你閱讀我的回憶錄。

（完稿於二〇二一年初）

附錄

（我的仿古詩／打油詩習作）

詠春

桃花點點紅，春韻日漸濃。
冬去影無蹤，可把棉衣送。
當年在江東，風景大不同。
宅家心意空，鄉思如泉湧。

思親

春夢偶傷悲，醒來尤帶淚。
老父及小妹，依然在關內。
一別十年飛，不得再相會。
路遙盤纏貴，何日省親歸。

贊吾兒

兩個小兒郎，年齡皆相仿。
上學爲同窗，結伴讀書忙。
天眞寫臉龐，笑容很俊朗。
性格不魯莽，前途正寬廣。

時光

時光飛逝太匆忙，轉瞬小兒成俊郎。
童顏留在照片上，溫馨回憶駐心房。

歲月

歲月催人老，無有長生藥。
來日日益少，每天要過好。
莫要太操勞，健康是個寶。
避免尋煩惱，經常開口笑。

春思

清晨起薄霧，花開微帶露。
柳條隨風舞，春光惹人慕。
異鄉把日度，思親亦如故。
此情同今古，賦詩來相訴。

自嘲

年過半百鬢髮花，已然爲母育兩娃。
遠嫁胡人聽胡笳，夢裏不知在天涯。

賞春

群芳沐煦風，蜂飛花叢中。
授粉正匆匆，爭相把蕊寵。
賞春意興濃，休閒享輕鬆。
懷想眾親朋，他年再相逢。

春景圖

鳥鳴聲聲脆，春光惹人醉。
旭日放光輝，風景眞明媚。
寒意已消退，遍野開花卉。
層林盡染翠，山川如畫繪。

詠臘梅

門前臘梅花，芳馨沁我家。
嚴寒不懼怕，隆冬綻奇葩。
剪枝瓶中插，擺放東窗下。
暗香陣陣發，思鄉不能罷。

牡丹

牡丹傲群芳，貴爲花中王。
沐浴好春光，一朵獨綻放。
主人思故鄉，此物可療傷。
種植院中央，且與路人賞。

鳶尾花

豔麗鳶尾花，傲立紅牆下。
莖葉很挺拔，繪入梵高畫。

越洋女

有個小姑娘，曾住長江旁。
皖南是家鄉，度過好時光。
長大越重洋，遠隔天一方。
暮色漸蒼茫，終老在異邦。

大雪

大雪壓枝頭，老公直犯愁。
積雪兩尺厚，剷雪累成猴。

西遊記——唐僧

大唐有高僧，禮佛伴青燈。
奉旨來應徵，西方去朝聖。
路險禽獸猛，妖魔面目猙。
耗盡他畢生，眞經終取成。

西遊記——孫悟空

金猴生頑石，上天鬧瑤池。
受罰千年逝，玄奘把恩施。
欣然來拜師，朝夕勤服侍。
妖魔百般試，故事傳萬世。

西遊記——豬八戒

天蓬元帥凡間墜，高老莊上欲入贅。
棒打鴛鴦美夢碎，西天取經路途累。

西遊記——白骨精

千年白骨精，修煉成妖靈。
骷髏化人形，貌美步輕盈。
出沒荒山嶺，時有露猙獰。
且把唐僧迎，不教取眞經。

天仙配

仙女下凡天仙配，牛郎織女來相會。
你耕田來我主炊，織布做衣縫棉被。
養兒育女過年歲，人間日月無限美。
天庭難容欲怪罪，王母拔簪銀河繪。
兩岸對面把淚垂，化作恆星夜空綴。
七夕鵲橋聚一回，千古愛情終不悔。

白蛇傳

白蛇報恩嫁許仙
法海兇狠將怒遷
鬥法大水漫金山
雷峰塔壓數百年

阿嬌

吾家有女叫阿嬌，如花似玉有細腰。
搔首弄姿媚眼拋，招蜂引蝶太風騷。
七媒八聘上花轎，鴛鴦帳裏把魂銷。
恩愛纏綿度春宵，芳華永駐老來俏。

青樓女子

賣身入青樓，且把琵琶摟。
周旋於人流，顏色難長久。
熱鬧終將休，情郎再難候。
年老添憂愁，誰人憐惜否。

財賦

努力掙錢不嫌苦，入夜歡喜把錢數。
遇難莫打退堂鼓，堅持撒網將財捕。
購置良田千百畝，萬貫修造黃金府。
紅顏仕女抱琴撫，逍遙自在溫泉谷。

行樂歌

行樂須及時，舉杯不宜遲。
過村此店逝，速把佳釀試。
當壚俏娘子，機敏賽卓氏。
且從相如師，譜寫羅曼史。

肥

羨慕唐朝楊貴妃，體態豐腴是爲美。
不必節食來減肥，瘦得前胸貼後背。
吃吃喝喝享美味，開開心心把覺睡。
心寬體胖終無悔，堅決不做餓死鬼。

白髮添

腦滿腸肥大肚腆，吟詩作對樂無邊。
輾轉反側夜難眠，絞盡腦汁白髮添。

美女

遙看一美女，想娶做伴侶。
不料天下雨，厚妝難以續。
棄之如弊履，人間悲喜劇。
貌美其實虛，莫如心相許。

老頑童

調皮搗蛋老頑童，翻譯公司粉絲眾。
愛開玩笑人來瘋，逗得大家捧腹痛。

看牙

無齒大媽缺牙巴，高明牙醫樂開花。
種植牙齒好吃瓜，牙醫鈔票大把抓。
大媽直把牙醫誇，牙醫聽了笑哈哈。
能吃魚來能吃蝦，大媽滿意傳佳話。

鏡湖泛舟

夏夜泛舟鏡湖上，青春激揚放歌唱。
純潔友誼涓流長，美好記憶永難忘。

秋怨（借王維詩「山居秋暝」的韻腳）

夕陽西下後，天涼好個秋。
皓月透窗照，對鏡把淚流。
深閨寂寞女，思慕泛輕舟。
夜闌人俱歇，青春不可留。

玲瓏心

七巧玲瓏心，幾人能賞欣。
寂寞到如今，獨自把詩吟。
離別故人親，萬里隔洋津。
近處無芳鄰，空等座上賓。

遊子心

日落黃昏近，倦鳥已歸林。
夜幕正降臨，衾冷難就寢。
思親淚沾巾，寂寞遊子心。
紅燭快燃盡，異鄉度光陰。

半夢半醒

在半夢半醒時分，臉上竟掛著淚痕。
夜深尚未到清晨，摸索起身點青燈。
一片寂寞剛三更，獨眠衾寒周身冷。
盼望晨曦促星沉，又迎一天悄開門。

家在心安處

學詩且仿古，常訴思鄉苦。
謝君來慰撫，吾深受鼓舞。
入鄉即隨俗，可把風物讀。
小屋春風沐，家在心安處。

櫻桃

初夏正晴好，櫻桃成熟了。
吾兒採摘下，慈母爐中烤。

黑莓

盛夏綠正肥
院中採黑莓
做成甜點美
幸福滿心扉

酒釀元宵

來碗酒釀元宵
一盤爆炒豬腰
喝茶來把酒消
一同共度良宵

賞蟹

秋風揚
蟹腳癢
把酒燙
美味享
舊時光
夢裏想
太難忘
濁淚淌

國家圖書館出版品預行編目資料

百折不撓：一位美籍華人女士與精神疾病共存的人生故事 / 高曉嵐著. -- 初版. -- 新北市：華夏出版有限公司, 2023.04

面；　　公分. --（Sunny文庫；297）

ISBN 978-626-7134-97-9（平裝）

1.CST：高曉嵐 2.CST：精神疾病 3.CST：自傳

785.28　　112001072

Sunny 文庫 297

百折不撓：一位美籍華人女士與精神疾病共存的人生故事

著　作　高曉嵐
印　刷　百通科技股份有限公司
　　　　電話：02-86926066　傳真：02-86926016
出　版　華夏出版有限公司
　　　　220 新北市板橋區縣民大道 3 段 93 巷 30 弄 25 號 1 樓
　　　　電話：02-32343788　傳真：02-22234544
E-mail　pftwsdom@ms7.hinet.net
總經銷　貿騰發賣股份有限公司
　　　　新北市 235 中和區立德街 136 號 6 樓
　　　　電話：02-82275988　傳真：02-82275989
　　　　網址：www.namode.com
版　次　2023 年 4 月初版一刷
特　價　新台幣 320 元　（缺頁或破損的書，請寄回更換）

ISBN-13：978-626-7134-97-9
《百折不撓》由高曉嵐授權華夏出版有限公司出版繁體字版

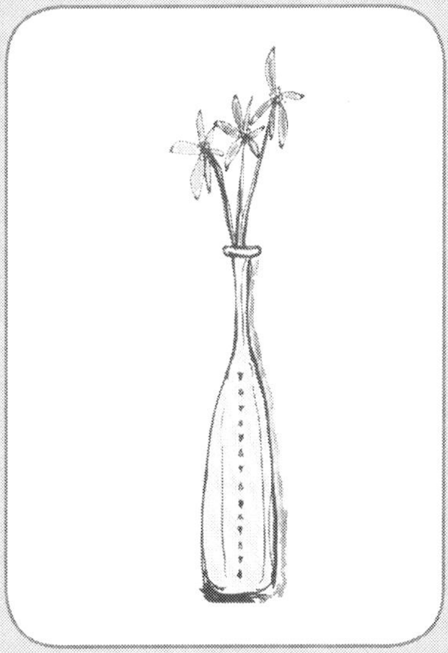

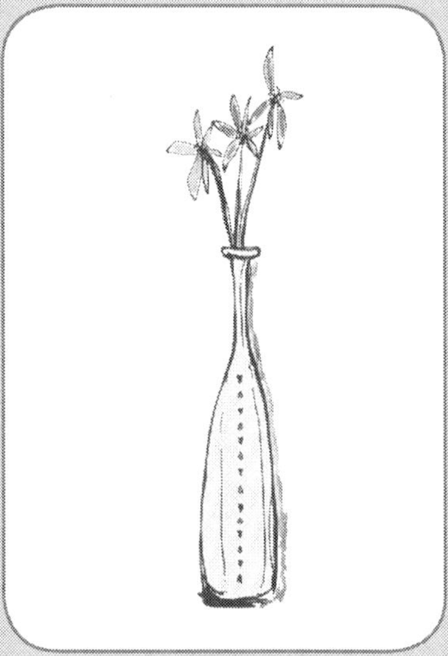